Lauren Camilleri
Sophia Kaplan

WILD
—AT—
HOME

Lauren Camilleri
Sophia Kaplan

WILD
—AT—
HOME

Eine Anleitung für
glückliche Zimmerpflanzen

SALON

INHALT

EINFÜHRUNG

STÄDTER wie wir leben meist in dicht bevölkerten Gebieten und sehnen sich nach mehr Nähe zur Natur. Da es in der Stadt aber oft nur wenig Grün gibt, lässt sich dieser Wunsch zum Beispiel dadurch erfüllen, dass wir uns die Natur ins Haus holen. Egal ob wir Räume mit üppig wuchernden Grünpflanzen oder einem Kakteenarrangement ausstatten, Zimmerpflanzen können unser Leben unglaublich bereichern. Pflanzen lassen harte Oberflächen weicher aussehen, sind Blickfänger und verwandeln stylische Einrichtungen in Rückzugsorte, die uns helfen, zu regenerieren.

Wir sind vielleicht voreingenommen, aber wir finden, dass Pflanzen großartig sind und dass es sich in begrünten Räumen besser leben lässt. Von Pflanzen geht eine Faszination aus, die über den rein ästhetischen Aspekt hinausweist. Pflanzen sind Lebewesen, die wachsen und sich entwickeln. Die Pflege und Versorgung eines Zimmergartens ist daher enorm befriedigend. Zu sehen, wie eine gesunde, gut gedeihende Pflanze immer wieder neue Blätter bildet, ist einfach faszinierend.

Darüber hinaus ist wissenschaftlich erwiesen, dass Pflanzen uns guttun. Die Clean Air Study der NASA belegt die luftreinigenden Eigenschaften zahlreicher bekannter Zimmerpflanzen. Sie filtern Schadstoffe wie Formaldehyd und Benzol aus der Luft, die aus Farben, Klebstoffen und Haushaltsmitteln entweichen. Außerdem steigern sie die Luftqualität und den Sauerstoffgehalt in Räumen, indem sie Kohlendioxid in Sauerstoff verwandeln, was sich positiv auf unsere Gesundheit und unser Wohlbefinden auswirkt. Andere Studien zeigen, dass Zimmerpflanzen die Produktivität und Kreativität fördern können. Kurzum: Pflanzen machen glücklich!

Wild at Home ist entstanden, weil wir unsere Begeisterung für Zimmerpflanzen mit anderen teilen wollten. Wir wollten Interessierten Informationen und Rüstzeug an die Hand geben, um ein Stück Natur ins traute Heim zu holen. Außerdem war es uns ein Anliegen, auch auf etwas ungewöhnlichere Zimmerpflanzen aufmerksam zu machen und den Liebhabern von eher seltenen Schätzen dabei zu helfen, diese aufzuspüren. Dieses Buch ist das Ergebnis all dieser Ziele, und wir freuen uns riesig, dass wir unsere positiven Erfahrungen mit Zimmerpflanzen weitergeben können.

Ob traditionelle Yucca-Palme und Philodendron oder die ungewöhnlichen Alokasien (Pfeilblätter) oder Luft-

PFLANZEN MACHEN GLÜCKLICH UND WIR SIND ÜBERZEUGT, DASS ES SICH UMGEBEN VON GRÜN BESSER LEBEN LÄSST

> PFLANZEN REINIGEN DIE LUFT, VERSCHÖNERN RÄUME UND MACHEN SIE LEBENDIG. DAS ÜPPIGE GRÜN EINES SCHWERTFARNS (NEPHROLEPSIS EXALTATA) ODER GUMMIBAUMS (FICUS ELASTICA) LÄSST HARTE KANTEN WEICHER ERSCHEINEN UND SCHMÜCKT WEISSE WÄNDE UND HOLZFLÄCHEN.

pflanzen – die Vielfalt an Zimmerpflanzen ist enorm. Einige davon werden wir in diesem Buch vorstellen. Es gibt für jeden Menschen und jeden Raum die passende Pflanze, und wir möchten Ihnen dabei helfen, diese zu finden. Wir werden Ihnen tropische Blattpflanzen vorstellen, Sukkulenten und Kakteen sowie einige seltene Pflanzen und hoffen, Ihnen damit Anregungen zu liefern, um Ihren eigenen Zimmerdschungel zu gestalten oder zu erweitern.

Wenn es um Zimmerpflanzen geht, fehlt es manchen Menschen an Selbstvertrauen. Die Angst, dass die Pflanzen eingehen könnten, hält viele potenzielle Pflanzenfreunde davon ab, sich auf dieses erstaunlich bereichernde Hobby einzulassen. Doch die Behauptung, dass manche Menschen keinen grünen Daumen haben, ist Unsinn. Mit dem richtigen Rüstzeug gelingt es jedem, Zimmerpflanzen am Leben zu halten. Wir erklären Ihnen, wie das geht. Im Kapitel »Mit Pflanzen leben« finden Sie zahlreiche Tipps und Tricks dazu, wie man einen Zimmergarten instand hält und gedeihen lässt.

Wir stehen dazu, dass wir ziemlich neugierig sind. So haben wir im Rahmen unserer Recherche und Fotosessions für dieses Buch die Gelegenheit gehabt, die begrünten Paradiese von ganz speziellen Pflanzenfreunden zu besuchen. Wie es bei ihnen aussieht und welche kreativen Möglichkeiten es gibt, Zimmerpflanzen in Wohn- und Arbeitsräume zu integrieren, zeigen wir in den Abschnitten »Pflanzenfreunde«. Diese Einblicke in die ganz speziellen und bereichernden Beziehungen, die manche Menschen zu ihren Pflanzen haben, werden hoffentlich auch Einsteiger inspirieren, sich einen »grünen Freund« zuzulegen.

Wir hoffen, dass dieses Buch Ihre Wertschätzung für Pflanzen steigern wird. Wer erst einmal die Schönheit ihrer Formen, Struktur und Farben erkannt hat und gelernt hat, wie man Pflanzen pflegt und mithilfe von verschiedenen Töpfen und Gegenständen arrangiert, kann auch seine eigene kleine Welt in eine grüne, gesunde und lebendige Umgebung verwandeln. Also dann, lassen Sie es grünen!

⌃ GIBT ES ETWAS SÜSSERES ALS EIN KLEINKIND NEBEN EINEM KÖSTLICHEN FENSTERBLATT (MONSTERA DELICIOSA) IM KLEINKINDFORMAT?
‹ IN REGALEN MACHEN SICH PFLANZEN IMMER BESONDERS GUT. FÜLLEN SIE IHRE REGALE MIT GRÜN (UND PFLANZENBÜCHERN) UND POSTEN SIE IHRE BILDER AUF INSTAGRAM!

MIT
PFLAN

ZEN
LEBEN

WICHTIG IST, NIE ZU VERGESSEN, dass auch die robustesten Pflanzen Lebewesen sind und Pflege und Aufmerksamkeit brauchen, um glücklich und gesund zu sein. Deshalb geht es in diesem Kapitel um die Basics: Wasser, Licht, Wärme, Luftfeuchtigkeit, Erde, Dünger und den richtigen Topf. Wir hoffen, dass dieses Wissen Ihnen genügend Selbstvertrauen gibt, um Ihren eigenen Zimmerdschungel aufzubauen und zu dem Pflanzenfreund zu werden, der Sie schon immer sein wollten.

DER ANFANG

Es gibt einige Dinge, die Sie beachten sollten, bevor Sie eine Zimmerpflanze kaufen. Grundvoraussetzung für eine glückliche, gesunde Zimmerpflanze ist genügend Licht, damit sie gut gedeiht. Wenn Sie sich einen Kaktus zulegen, Ihr Wohnzimmer jedoch nicht besonders hell ist, wird von Ihrem Kaktus nicht mehr als ein trauriger Stachel übrig bleiben. Sonnenanbeter wie Kakteen oder Strelitzien gehören auf die Fensterbank oder einen sonnigen Balkon. Wichtig ist auch, sich Gedanken über das Raumklima zu machen. Mögen Sie es gerne sehr warm oder eher kühl? Wie hell sind die verschiedenen Räume in Ihrem Zuhause? Sind Sie ein(e) aufmerksame(r) Pflanzenmutter oder -vater oder jemand, der die kleinen Kerle schon mal vergisst? Keine Angst, für jeden Fall gibt es die passende Pflanze.

GRUNDVORAUSSETZUNG FÜR EINE GLÜCKLICHE, GESUNDE ZIMMERPFLANZE IST GENÜGEND LICHT, DAMIT SIE GUT GEDEIHT

DER BESTE STANDORT

Sobald Sie sich ein Bild von den Lichtverhältnissen und klimatischen Gegebenheiten in Ihrem Zuhause gemacht haben, sollten Sie überlegen, welcher Standort der beste für eine Pflanze wäre. Denn das bestimmt schließlich auch ihre Größe und Form. Wenn Sie ein Regal haben, dem ein wenig Grün guttun würde, wäre eine Hängepflanze eine Option. Und für eine bisher nicht genutzte Ecke würde sich zum Beispiel eine große, auffallende Pflanze gut eignen.

Was auch immer Sie herausfinden, jetzt ist es an der Zeit, sich inspirieren zu lassen. Auf den folgenden Seiten präsentieren wir Ihnen einige hübsch begrünte Räume, Ideen für die Innengestaltung mit Pflanzen und Pflanzenprofile, die Ihnen die Suche nach der passenden Pflanze für Ihren Zimmerdschungel erleichtern sollen. Anregungen finden Sie auch in Zeitschriften, im Internet, bei Freunden – eigentlich überall.

DER PFLANZENKAUF

Wenn Sie Ihre Traumpflanze ausgesucht haben, gilt es als Nächstes herauszufinden, wo diese erhältlich ist. Besuchen Sie beispielsweise eine der örtlichen Gärtnereien und sichten Sie deren Sortiment. Auch wenn Sie eine ganz bestimmte Pflanze im Sinn haben, lohnt es sich, einen Blick auf andere zu werfen, die Ihnen vielleicht noch besser gefallen. Glänzende, frische Blätter, eine schöne Form und neue Blattansätze deuten auf eine gesunde Pflanze hin. Machen Sie da keine Abstriche, damit Sie nicht enttäuscht werden.

ANKUNFT ZU HAUSE

Wenn Sie mit Ihrer neuesten Errungenschaft nach Hause kommen, ist das immer sehr aufregend. Am liebsten möchten Sie die Pflanze natürlich sofort zu den anderen gesellen, aber wichtig ist erst einmal, Ruhe zu bewahren. Am besten stellen Sie die Pflanze nämlich zunächst eine kurze Zeit in Quarantäne, um sicherzugehen, dass sie keine Schädlinge oder Krankheiten hat, die andere Pflanzen befallen könnten. Dabei ist es wichtig, dass die Standortbedingungen die gleichen sind wie am zukünftigen Platz und die Pflanze von Anfang an nach einem festen Plan regelmäßig gewässert wird. Wenn Pflanzen in ein neues Zuhause umziehen, empfinden sie das oftmals als Stress. Ein Gewächshaus mit optimaler Wachstumsbedingungen gegen einen Standort mit weniger Licht und Luftfeuchtigkeit einzutauschen, kann anfangs zu Blattverlust führen. Machen Sie sich keine Sorgen, wenn einige der unteren Blätter abfallen. Nur bei fortdauerndem Blattverlust sollten Sie sich überlegen, ob der neue Standort wirklich der richtige für die Pflanze ist. Pflanzen schätzen es zwar, an einem Platz zu bleiben, zögern Sie aber nicht, sie so lange umzuziehen, bis Sie den optimalen Standort gefunden haben.

Wenn Ihre Pflanze endlich am besten Platz steht, wird Ihnen vielleicht erst so wirklich bewusst, dass Sie nun die Verantwortung für dieses kostbare Grün tragen. Doch kein Grund zur Panik, Sie schaffen das! Lesen Sie einfach weiter, dann erfahren Sie alles, was Sie wissen müssen, um lange und glücklich mit ihren Pflanzen zusammenzuleben.

^ SCHICKES ZUEEHÖR MACHT PFLANZEN NOCH GLÜCKLICHER! UND SIE SEHEN DAMIT SPITZE AUS. ‹ WÄSSERN SIE IHRE PFLANZEN AN EINEM FESTEN TAG IN DER WOCHE UND KONTROLLIEREN SIE REGELMÄSSIG, DASS ES IHNEN AN NICHTS FEHLT.

ERDE + DÜNGER

DAS IST IMMER ein guter Anfang, denn schließlich ist es die Erde, in dem Samen keimen und Stecklinge Wurzeln bilden. Die Erde ist ein vitales Element für Pflanzenwachstum: Sie speichert Wasser und Nährstoffe für die Wurzeln und dient zugleich als Drainage, sodass die Pflanze keine nassen Füße bekommt. Außerdem trägt die Luftzirkulation in der Erde zur Sauerstoffversorgung der Wurzeln bei.

Nur: Erde ist nicht gleich Erde. Denn in den meisten Fällen ist Pflanzenerde gar keine Erde, sondern eine oft mit Dünger angereicherte Mischung aus organischen und anorganischen Bestandteilen. Der Hauptbestandteil gängiger Pflanzenerde ist häufig Torf. Torf ist nicht nur leicht, sondern trägt auch dazu bei, dass die Erde Wasser gut speichern kann. Pflanzen, die feuchte Erde lieben, wie etwa Farne und Begonien, bevorzugen in der Regel ein Substrat mit hohem Torfanteil.

Wüstenpflanzen wie viele Kakteen und Sukkulenten bevorzugen trockenere Erde, am besten ein grobes Substrat mit hohem Sandanteil. Der Grund ist einfach: Dank ihrer besonderen Fähigkeit, Wasser im Inneren zu speichern, brauchen diese Pflanzen keine größere Wassermenge. Wichtig ist nur, dass überschüssiges Wasser gut abfließen kann, um zu vermeiden, dass die Pflanze zu viel Wasser aufsaugt oder die Wurzeln in nasser Erde stehen.

Wichtig ist auf jeden Fall, dass Sie vor dem Umtopfen überlegen, welche Anforderungen eine Pflanze an Erde stellt.

EINIGE FACHBEGRIFFE

ERDE Eine Mischung aus anorganischen Bestandteilen diverser Größe und organischen Bestandteilen in unterschiedlichem Zersetzungsstadium.

PH Der Wert, aus dem hervorgeht, wie sauer bzw. basisch Erde ist. Die Skala reicht von 0 bis 14. Der pH-Wert von Erde beeinflusst das Pflanzenwachstum.

VERMICULIT Ein anorganisches Mineral, das die Entwässerung und Belüftung von Erde fördert und hilft, Wasser und wichtige Nährstoffe zu speichern.

PERLIT Ein anorganischer Bestandteil von Erde, der die Entwässerung und Belüftung von Erde fördert.

TORF Ein schwammähnliches, in Mooren gewonnenes Material (das Ergebnis von jahrtausendelanger Zersetzung von organischem Material im Boden). Torf hat gute Entwässerungseigenschaften, kann aber zugleich Wasser speichern. Neben Sand ist Torf oft der Hauptbestandteil von Blumen- und Anzuchterde.

TORFMOOS Ist faserreicher als herkömmlicher Torf und wird für Orchideen- und Hängepflanzenerde verwendet.

ANZUCHTERDE Ein grober, gewaschener Sand (fast wie Schotter und frei von feinen Teilchen). Es ist das gleiche Material wie Aquariumsand und wird auch oft Flusssand oder Granitsand genannt. Diese Erde wird für die Vermehrung von Samen und Stecklingen verwendet und meistens mit Torf oder Vermiculit vermischt.

SAND Häufiger Bestandteil von Pflanzenerde zur Förderung der Entwässerung. Da grober Sand Wasser nicht gut speichert, trocknet eine solche Erde schnell aus – ideal für Kakteen und Sukkulenten, die nur kleine Wassergaben bevorzugen. Verwenden Sie aber nur speziellen Garten- oder gewaschenen Sand, der keine Salze oder andere Verunreinigungen enthält.

AKTIVKOHLE Neutralisiert Erde, indem sie den pH-Wert senkt. Der Aktivierungsprozess macht diese Holzkohle poröser und erhöht somit die Speicherfähigkeit. Holzkohle hat die Eigenschaft, unangenehme Gerüche aus nasser Erde zu adsorbieren und zu entfernen. Als Grundschicht in Töpfen oder Kübeln fördert Holzkohle auch die Entwässerung der Erde und wirkt bakterienhemmend.

VERMICULIT

TORF

AKTÍVKOHLE

SAND

PERLIT

PFLANZENNAHRUNG

Ihre Nahrung und Energie erhalten Pflanzen aus Sonnenlicht, aber Mineralstoffe bekommen sie aus Luft, Wasser und Erde. Viele Zimmerpflanzen sind ziemlich anspruchslos und benötigen daher oft nur wenig oder auch gar keinen Dünger. Dennoch kann Dünger das Wachstum fördern und Zimmerpflanzen stärken. Wichtig ist nur, ihn maßvoll einzusetzen, um Überdüngung zu vermeiden. Denn dies kann zu Problemen wie etwa Blattverfärbungen führen. Hier ein paar Tipps, um Fehlern vorzubeugen.

Für gesundes Wachstum und üppiges Blattwerk benötigen Pflanzen drei essenzielle Nährstoffe: Sauerstoff (N), Phosphor (P) und Kalium (K). Im Allgemeinen gilt, dass sauerstoffreiche Düngemittel ein gutes Gedeihen und ein reiches Blattwerk fördern, während solche mit einem hohen Phosphoranteil die Blühfreudigkeit von Pflanzen steigern. Kalium hilft der Pflanze, den Nährstoffvorrat für den Winter aufzubauen. Für die meisten Zimmerpflanzen genügt ein sauerstoffreicher Dünger mit durchschnittlichen Phosphor- und Kaliumanteilen, um ein schönes und frisches Aussehen sicherzustellen.

Flüssig- und Langzeitdünger sind ideal für Zimmerpflanzen. Gehen Sie bei der Verwendung von Flüssigdüngern jedoch auf Nummer sicher, und verdünnen Sie ihn etwas stärker, als der Hersteller empfiehlt, um Blattverfärbungen zu vermeiden. Wenn nötig, können Sie die Menge später wieder erhöhen. Bei Langzeitdüngern befinden sich die Nährstoffe in schwer löslichen Körnern, die auf die Erde gestreut werden und aus denen die Pflanze die benötigten Stoffe über einen längeren Zeitraum erhält. Düngen sollte man Zimmerpflanzen vorzugsweise in der Wachstumsphase, denn in dieser Zeit können sie die zusätzlichen Nährstoffe am besten verarbeiten und verwerten. Wenn Sie das Düngen auf diese Phase beschränken, erhält die Pflanze im Winter die nötige Ruhezeit und kann sich erholen. Verwenden Sie möglichst nur organische Dünger und halten Sie Düngemittel immer von Kindern und Haustieren fern.

DÜNGER KANN DAS WACHSTUM FÖRDERN UND ZIMMERPFLANZEN STÄRKEN.

ERDE – PFLEGETIPPS

Verwenden Sie nur hochwertige organische Pflanzenerde, die speziell auf die jeweiligen Pflanzen abgestimmt ist.

Durchlässig Das Wasser fließt leicht ab dank des Vermiculit- oder Perlitanteils, der gleichzeitig die Belüftung und Speicherung wichtiger Nährstoffe steigert.

Wasser speichernd Eine Pflanzenerde, die Wasser dank des Torf- oder Kompostanteils speichert.

Grob + sandig Eine Pflanzenerde mit einem hohen Sand- und Kiesanteil, der die Entwässerung fördert. Ideal für Wüstenpflanzen.

WASSER

EIN HÄUFIGER FEHLER bei der Pflanzenpflege lautet: zu viel Wasser. Es ist gar nicht schwer, eine Pflanze mit gut gemeinter Fürsorge zum Absterben zu bringen! Daher sollte man wissen, dass die benötigte Wassermenge immer in Relation zur Lichtmenge steht. Es gilt also, das perfekte Gleichgewicht zwischen beiden zu finden. Faustregel: Je mehr Licht, desto stärker ist das Wachstum und desto mehr Wasser braucht die Pflanze. Auch die Jahreszeiten beeinflussen dieses Gleichgewicht: In der kühleren Jahreszeit, wenn die Lichtverhältnisse schlechter, die Temperaturen niedriger und Ihre Pflanzen in Vegetationsruhe sind, benötigen sie weniger Wasser.

Es gibt diverse Variablen, die eine klare Empfehlung, wie oft eine Pflanze Wasser braucht, schwer machen. Obwohl viele Blattpflanzen mit nur einer Wassergabe pro Woche gut auskommen, sollte man regelmäßig prüfen, ob dies den Ansprüchen der jeweiligen Pflanze auch wirklich genügt. Kontrollieren Sie Ihre Pflanzen daher am besten alle drei bis vier Tage, um zu sehen, wie es ihnen geht. Bei Blattpflanzen empfiehlt es sich, erst zu wässern, wenn der Boden ausgetrocknet ist – so vermeidet man Staunässe. Um festzustellen, ob eine Pflanze Durst hat, stecken Sie einfach einen Finger in die Erde, am besten am Topfrand: Wenn die obere Erdschicht (5 cm) trocken ist, ist es Zeit, zu gießen. Heben Sie dabei die Blätter etwas an und verwenden Sie lauwarmes Wasser, und zwar so viel, bis aus dem Bodenloch etwas Wasser tropft. Gönnen Sie der Pflanze 30 Minuten Zeit, um das Wasser aufzunehmen, und leeren Sie dann den Untersetzer aus. Stellen Sie Blattpflanzen auch ab und an unter die Dusche oder in den Regen, aber achten Sie darauf, dass überschüssiges Wasser gut abfließen kann.

Bei Sukkulenten und Kakteen verhält sich das mit dem Gießen etwas anders. Diese Pflanzen werden weniger oft gewässert, da sie in ihren fleischigen Blättern Wasser speichern können. Oft wird auch der Fehler gemacht, Sukkulenten zu besprühen. Besser aber ist es, das Wasser direkt auf die Erde zu gießen und erst wieder zu wässern, wenn der Boden komplett ausgetrocknet ist. Zweiwöchentliches oder gar monatliches Gießen reicht bei diesen Pflanzen meistens, bei feuchtem Wetter sowieso. Während der Vegetationsruhe in der kälteren Jahreszeit benötigen sie noch weniger Wasser.

> EINE GIESSKANNE MIT DÜNNEM AUSGIESSER ERLEICHTERT DAS WÄSSERN KLEINERER TOPFPFLANZEN.
∨ STELLEN SIE GRÖSSERE PFLANZEN EINFACH ZUSAMMEN UNTER DIE DUSCHE, DAS SPART ZEIT UND IST GRÜNDLICHER. ALLERDINGS MUSS DAS WASSER GUT ABFLIESSEN KÖNNEN.

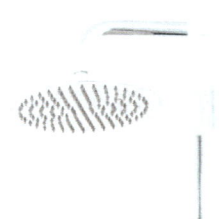

FLÜSSIGES GOLD

Die meisten Menschen wässern ihre Pflanzen mit Wasser aus der Leitung. Das ist meistens kein Problem, manchmal aber schon. Je nach Quelle enthält Trinkwasser nämlich eine Mischung aus Salzen und Mineralien, die sich in der Pflanzenerde im Topf anreichern und die Verwertung von Nährstoffen und somit das Wachstum und die Gesundheit der Pflanze negativ beeinträchtigen können. Das beste Wasser für Blattpflanzen ist die wertvolle Flüssigkeit, die vom Himmel fällt. Sind graue Wolken in Sicht, stellen Sie Ihre Zimmerpflanzen am besten nach draußen und gönnen ihnen eine Regendusche.

In einer Stadtwohnung ohne Balkon haben Sie natürlich kaum die Möglichkeit, Pflanzen hinauszustellen. In dem Fall hilft ein kleiner Trick: Lassen Sie Trinkwasser vor der Verwendung einfach 24 Stunden in einer Gießkanne oder einem Eimer stehen. So lösen sich Stoffe wie Chlor oder Fluorid auf und Sie erhalten chlorfreies Wasser zum Wässern der – meisten – Pflanzen. Ausgenommen fleischfressende Pflanzen, denn die sind sehr empfindlich und dürfen nur mit Regenwasser oder destilliertem Wasser gegossen werden.

WASSER – PFLEGETIPPS

Stecken Sie regelmäßig einen Finger in die Erde, um zu prüfen, ob Ihre Pflanzen Wasser brauchen. Vergessen Sie nicht, dass der Wasserbedarf von Pflanzen jahreszeitlich bedingt wechselt und Pflanzen in den kalten Monaten weniger Wasser benötigen.

Wenig Geben Sie der Pflanze nur einmal in zwei Wochen Wasser, aber erst, wenn die Erde größtenteils trocken ist.

Mäßig Wässern Sie einmal pro Woche, wenn die obere Erdschicht (5 cm) trocken ist.

Viel Gießen Sie zweimal wöchentlich, sobald die Erde an der Oberfläche trocken ist.

Besprühen Besprühen Sie Ihre Zimmerpflanzen einmal wöchentlich mit einer mit Wasser gefüllten Sprühflasche, um die Luftfeuchtigkeit zu erhöhen.

LICHT + WÄRME

IN DER REGEL brauchen Pflanzen Licht zum Leben. Mithilfe von Fotosynthese setzen sie Licht, Wasser und Kohlendioxid in Nahrung um und geben dabei Sauerstoff an die Luft ab. Allerdings ist der Lichtbedarf von Pflanzen sehr unterschiedlich, und deshalb ist der richtige Standort einer Pflanze entscheidend für ihr Wohlergehen.

In den Pflanzenprofilen in diesem Buch finden Sie genaue Angaben zum optimalen Lichtbedarf der jeweiligen Pflanze. Manche vertragen nur wenig Licht, andere bevorzugen helles, indirektes Licht oder gar direktes Sonnenlicht. Die meisten Blattpflanzen und Regenwaldkakteen benötigen helles, indirektes Licht. Das heißt: kein direktes Sonnenlicht (Verbrennungen!), aber doch so hell, dass Wachstum möglich ist. Für Pflanzen, die auf der Fensterbank stehen sollen, ist die Nordseite die beste Wahl. Dennoch sollte man auch hier sicherstellen, dass die Pflanzen keine Verbrennungen davontragen.

Wüstenkakteen und viele Sukkulenten sind Sonnenanbeter und brauchen für ihr Wachstum sehr viel Licht. Ein Platz auf oder nahe einer Fensterbank in der Morgensonne ist ideal. Doch auch Kakteen können einen Sonnenbrand bekommen, und deshalb sollten sie nicht der direkten Sonne am Nachmittag ausgesetzt sein, es sei denn, sie gewöhnen die Pflanze allmählich daran.

Die meisten blühenden Zimmerpflanzen benötigen mehr Licht als ihre immergrünen Artgenossen. Oft bilden Zimmerpflanzen jedoch keine Blüten, da die Lichtverhältnisse nicht denen in ihrer natürlichen Umgebung entsprechen. Vielfarbigkeit, sprich die hübsche Farbmischung aus Blättern, Stielen und bunten Blüten, setzt im Allgemeinen mehr Licht voraus. Jedoch kann sich diese außergewöhnliche, gewollte Mutation bei ungenügenden Lichtverhältnissen bis zum vollständigen Verlust dieser Eigenschaft zurückbilden.

Wenn Ihre Räume nicht gerade hell sind, entscheiden Sie sich einfach für eine Pflanze mit geringem Lichtbedarf wie etwa die Glücksfeder (Zamioculcas zamiifolia) oder Efeutute (Epipremnum aureum) und stellen Sie sie nur gelegentlich an einen helleren Platz. Im Winter, wenn die Sonne tiefer steht, sind Räume, die im Sommer und Frühling sehr hell sind, oft erheblich dunkler. Spätestens jetzt sollte man die eine oder andere Pflanze an einen anderen Platz mit gleichen Licht- und Temperaturverhältnissen stellen. Außerdem empfiehlt es sich, Pflanzenblätter einmal im Monat zu säubern, damit sie das Licht wieder besser aufnehmen können.

› LICHT FÄLLT DURCH DIE FENSTERFRONT IM PFLANZENLADEN „CONSERVATORY ARCHIVES" IN LONDON.
˅ EINE HELLE FENSTERBANK IST DER IDEALE PLATZ FÜR DEN KAKTUS ESPOSTOA LANATA

WARM + DAMPFIG

Wenn die Jahreszeiten wechseln, verdienen Luftfeuchtigkeit und Temperatur im Haus mehr Aufmerksamkeit, da sie sich direkt auf das Pflanzenleben auswirken. Ist die Luftfeuchtigkeit sehr niedrig, kann sich in der Pflanze ein Nährstoffüberschuss bilden, der Nährstoffverbrennung zur Folge haben kann – erkennbar an braunen Flecken auf den Blättern. Umgekehrt kann eine zu hohe Luftfeuchtigkeit dazu führen, dass die Pflanze zu viel Feuchtigkeit speichert und anfällig wird für Fäule und Pilzerkrankungen.

Allgemein gilt: Je dünner das Blatt, desto größer ist der Feuchtigkeitsbedarf. Dicken, ledrigen, wachsartigen oder mit Härchen bedeckten Blättern kann trockene Luft wenig anhaben, während tropische Pflanzen wie Farne nicht ohne Feuchtigkeit auskommen. Leben Sie in einer relativ trockenen Gegend, fühlen sich Farne im Badezimmer am wohlsten und verleihen ihm nebenbei noch eine dekorative exotische Note.

PFLANZEN MIT GLEICHEN BEDÜRFNISSEN ZUSAMMENZUSTELLEN, SCHAFFT UM SIE HERUM EIN MINI-MIKROKLIMA UND ERHÖHT DIE LUFTFEUCHTIGKEIT. EIN SCHWERTFARN (NEPHROLEPIS EXALTATA) FÜHLT SICH WOHL IN EINEM FEUCHT-DAMPFIGEN BADEZIMMER.

Kräuseln sich die Blätter Ihrer Pflanzen und verblassen die Spitzen, ist zu trockene Raumluft womöglich die Ursache. Sprühen Sie die Blätter alle paar Tage mit einem Pflanzensprüher ein, um die Luftfeuchtigkeit zu erhöhen. Tun Sie dies am besten mit lauwarmem Wasser und morgens, sodass den Blättern genügend Zeit zum Trocknen bleibt. Oder stellen Sie die Pflanze auf einen mit Kieselsteinchen und Wasser gefüllten Untersetzer, wodurch ein feuchtes Klima in der Nähe der Pflanze entsteht. Die Kieselsteine sorgen auch dafür, dass die Pflanze trockene Füße behält und sich keine Wurzelfäule bildet.

Die Luftfeuchtigkeit lässt sich auch dadurch verbessern, dass Sie die Pflanzen eng zusammenstellen. Da Pflanzen über ihre Blätter Feuchtigkeit abgeben, die sogenannte Ausdünstung, entsteht ein feuchteres Mikroklima, das allen Pflanzen nutzt. Wenn all dies nicht zum gewünschten Erfolg führt, Sie aber nicht auf Ihre Feuchtigkeit liebenden Blattpflanzen verzichten möchten, dann wäre ein Luftbefeuchter vielleicht eine Option. Denn diese Geräte steigern die Luftfeuchtigkeit im ganzen Raum.

Die optimale Temperatur für Fotosynthese beträgt zwar 25 °C, aber die meisten Pflanzen begnügen sich mit 18 bis 25 °C und kommen auch mal mit einem heißen Tag oder nächtlichem Temperatursturz gut klar. Starke Temperatur- und Luftfeuchtigkeitsschwankungen mögen Blattpflanzen aber gar nicht. Deshalb sollte man Pflanzen in der kalten Jahreszeit von kalter Zugluft und Heizkörpern fernhalten, die zur Austrocknung und Verbrennungen und auch zu Krankheiten wie Spinnmilben führen können.

Es wird Sie sicherlich nicht überraschen, dass die meisten Kakteen und Sukkulenten (außer Regenwaldkakteen, siehe S. 165) wüstenähnliche Bedingungen bevorzugen. Trockene Luft und Erde, die zwischen den Wassergaben austrocknen kann, sind genau ihr Ding. Abhilfe in sehr feuchten Räumen können Luft- bzw. Raumentfeuchter schaffen. Lüften tut allen Pflanzen gut und hilft auch, die hohe Luftfeuchtigkeit in einem Raum abzusenken. Tun Sie Ihren Pflanzen den Gefallen, und öffnen Sie ab und an mal ein Fenster!

LICHT – PFLEGETIPPS

Beachten Sie, dass die Lichtverhältnisse jahreszeitlich wechseln. Stellen Sie Pflanzen dementsprechend an einen anderen Platz, um sicherzustellen, dass sie ausreichend Licht erhalten.

Wenig bis mäßig Erträgt schattige Bedingungen, wächst auch gut in hellen Räumen mit indirektem Licht.

Helles, indirektes Licht Bevorzugt Plätze mit diffusem, aber hellem Licht, allerdings kein direktes Sonnenlicht.

Helles, direktes Licht Braucht helles Licht und erträgt bzw. schätzt direktes Sonnenlicht.

VERMEHREN

DIE VERMEHRUNG VON PFLANZEN IST EINE KOSTENGÜNSTIGE MÖGLICHKEIT, DIE EIGENE PFLANZEN-SAMMLUNG ZU ERWEITERN.

WIR WISSEN, DASS PFLANZEN FASZINIEREND SIND, nahezu unglaublich aber ist, dass sich viele nur mit abgeschnittenen Blättern, Stielen oder Wurzeln vermehren lassen. Wir sind sicher nicht die Einzigen, die schon mal in einem fremden Vorgarten ein Stück von einer kräftigen Sukkulente abgeschnitten haben. Aber Teilen macht Spaß, und die Vermehrung von Pflanzen ist eine kostengünstige Möglichkeit, die eigene Pflanzensammlung zu erweitern. Das Teilen und Tauschen von Pflanzen im Freundeskreis ist etwas ganz Besonderes. Mithilfe von Stecklingen, die uns Freunde von jeder ihrer Neuanschaffung überlassen haben, haben wir eine wunderbare Sammlung toll duftender Geranien zusammengetragen. Das Vermehren bietet sich auch an, um nach einem Formschnitt die abgetrennten Teile von Pflanzen zu verwenden.

Der Nachmittag, den ich vor ein paar Jahren im zauberhaften Garten der Mutter einer Freundin verbrachte, hatte eine gut gedeihende Sukkulentenecke auf meinem eigenen Balkon zur Folge. Sukkulenten sind die Pflanzen, die sich am leichtesten vermehren lassen, aber bei zahlreichen Blattpflanzen klappt das genauso gut. Wir stellen Ihnen die verschiedenen Vermehrungsmethoden vor und erleichtern Ihnen den Start in diesen Bereich mit einigen Tipps und Tricks. Beginnen Sie Ihr Vermehrungsexperiment am besten in der Wachstumsphase der Pflanze, sprich in den warmen Frühlings- und Sommermonaten. Wichtig ist, dass die Pflanze gesund und in bester Verfassung ist, bevor Sie die Schere ansetzen.

Es gibt eine ganze Reihe von Vermehrungsmethoden. Welche Sie wählen, hängt von der Pflanze ab, die sie vermehren möchten.

AUSLÄUFER

Manche Pflanzen wie etwa Echte Aloe (Aloe vera) oder Bogenhanf (Sansevieria) bilden Seitentriebe bzw. Ausläufer. Dabei handelt es sich um Babypflanzen, die meistens an der Basis der Pflanze erscheinen. Gehen Sie beim Schneiden behutsam vor, um so viele Wurzeln wie möglich zu erhalten, denn von ihnen hängen die Überlebenschancen der Jungpflanze ab. Trennen Sie den Seitentrieb vorsichtig mit einem scharfen Messer ab und stecken Sie ihn in einen mit Kompost gefüllten Topf. Versorgen Sie ihn anschließend, als wären Sie selbst die Mutterpflanze. Solange die Wurzeln sich noch entwickeln, sollten Sie nur zurückhaltend gießen.

Zu den Pflanzen, die sich mit dieser Methode vermehren lassen, zählen auch Haworthia und der Chinesische Geldbaum (Pilea peperomioides).

SETZLINGE

Setzlinge sind eigentlich Miniaturausgaben der erwachsenen Pflanze, die sich auf natürliche Weise an den Spitzen von Seitentrieben oder Ausläufern bilden – eine Art ungeschlechtliche Fortpflanzung. Sobald die Blätter und Wurzeln eine gewisse Größe erreicht haben, können die Jungpflanzen selbstständig leben. Schneiden Sie die Setzlinge ab und stellen Sie sie in einen Topf mit normaler, aber gut durchlässiger Pflanzenerde. Die Grünlilie (Chlorophytum comosum, siehe Bild rechts) ist die perfekte Pflanze für diese Art von Vermehrung.

STECKLINGE

Diese Vermehrungsmethode eignet sich für zahlreiche bekannte Zimmerpflanzen wie zum Beispiel Efeutute (Epipremnum aureum), das Köstliche Fensterblatt (Monstera deliciosa) und Begonien. Stecklinge werden entwe-

‹ STELLEN SIE ABLEGER IN VERSCHIEDENE SCHÖNE GLÄSER UND BAUEN SIE SO IHRE EIGENE VERMEHRUNGSSTATION AUF. UNGEWÖHNLICHE GLÄSER FINDEN SIE ZUM BEISPIEL IN TRÖDELLÄDEN.
⌄ DIE GRÜNLILIE (CHLOROPHYTUM COMOSUM) BILDET JUNGPFLANZEN. SIND DIESE GROSS GENUG, KÖNNEN SIE SIE VON DER MUTTERPFLANZE ABTRENNEN UND IN ERDE EINPFLANZEN.

der in Pflanzenerde gepflanzt oder in ein mit Wasser ge-
fülltes Gefäß gestellt.

Schneiden Sie einen gesunden Stiel mit einer sauberen Gartenschere schräg ab. Entfernen Sie behutsam die
unteren Blätter und jungen Triebe, die leicht verfaulen,
denn es sollen sich schnellstens Wurzeln bilden und keine Blätter. Stecken Sie den Stiel in Pflanzenerde oder
stellen sie ihn in gefiltertes Wasser. Erst wenn sich nach
ein paar Monaten Wurzeln gebildet haben, pflanzen Sie
den Steckling in den Topf Ihrer Wahl.

Ableger von Kakteen oder Sukkulenten sollten Sie
mindestens ein paar Stunden oder einen Tag lang trocknen lassen, bevor Sie sie in Kompost oder Wasser stellen.
So schließt sich die raue Schnittfläche ein wenig und das
Fäulnisrisiko sinkt.

BLATTSTECKLINGE

Zum Vermehren mit Blattstecklingen brechen Sie das
Blatt vorsichtig mit Stiel vom Stamm oder Trieb, ohne
dass etwas zurückbleibt. Lassen Sie das Blatt anschließend ein bis drei Tage trocknen, sodass sich eine Nar-
be bildet und das Blatt nach dem Wässern nicht zu viel
Feuchtigkeit aufnimmt. Stecken Sie den Blattstiel in ein
Wurzelhormon (schütteln Sie überschüssiges Pulver ab)
und stecken sie ihn zu zwei Drittel in Erde, sodass das
Blatt herauslugt. Drücken Sie die Erde um den Stiel herum vorsichtig fest.

Pflanzen, die sich mithilfe dieser Methode vermehren
lassen, sind Bogenhanf (Sansevieria), Weihnachtskaktus
(Schlumbergera), Zamie (Zamioculcas zamiifolia) und
Pfennigbaum (Crassula ovata).

TEILEN

Manche Pflanzen wie das Einblatt (Spathiphyllum) und
der Schwertfarn (Nephrolepis exaltata) lassen sich wunderbar teilen. Die beste Zeit dafür ist das zeitige Frühjahr.
Das Vorgehen ist übrigens kinderleicht. Nehmen Sie die
Pflanze aus dem Topf, fassen Sie sie mit beiden Händen,
drücken Sie die Daumen in die Pflanzenmitte und versuchen Sie, die Pflanze auseinanderzubrechen. Gelingt dies
nicht, entfernen Sie erst die Erde und versuchen es erneut.
Oder schneiden Sie die Pflanze mit einem Messer entzwei.
Pflanzen Sie beide Teile jeweils in einen mit frischer Erde
gefüllten Topf und wässern Sie sie gut. Halten Sie die Erde
in den nächsten Wochen gleichmäßig feucht, sodass die
Wurzeln sich erholen und festsetzen können.

˄ JIN VON „CONSERVATORY ARCHIVES" IN
IHRER VERMEHRUNGSSTATION.
˂ DIE EFEUTUTE (EPIPREMNUM AUREUM)
BILDET IM WASSER WURZELN.

GEFÄSSE

DEN RICHTIGEN TOPF
AUSZUSUCHEN, IST
NICHT NUR WICHTIG
FÜR DAS GEDEIHEN,
SONDERN AUCH FÜR DAS
ERSCHEINUNGSBILD.

—

DEN RICHTIGEN TOPF FINDEN

ES MACHT SPASS, den passenden handgefertigten Topf für eine Pflanze zu suchen. Der ursprüngliche, unvollkommene Charakter von Keramik- oder Tontöpfen passt genau zur natürlichen Schönheit von Zimmerpflanzen. Wir lieben es, Pflanzen geschickt in Szene zu setzen, und dabei können Gefäße, in denen sie stehen sollen, eine zentrale Rolle spielen. Es gibt unzählige Möglichkeiten, Pflanzen und Töpfe zu kombinieren, und jede hat ihre Vor- und Nachteile.

Bei der Suche nach dem richtigen Topf für eine Pflanze geht es nicht nur um Ästhetik. Wichtig ist vor allem, den Topf zu finden, der dem Umfang des Wurzelballens und der Höhe der Pflanze entspricht. Entscheiden Sie sich immer für einen Topf, der der Pflanze Entfaltungsmöglichkeiten bietet. So vermeiden Sie häufiges Umtopfen. Andererseits kann das Umtopfen in einen viel größeren Topf bei den Wurzeln der Pflanze eine Stressreaktion auslösen, und da die große Menge Erde mehr Wasser speichert, kann es zu Wurzelfäule kommen. Deshalb sollte der neue Topf nur etwa zwei bis vier Zentimeter breiter sein als der alte, um eine Überforderung der Pflanze zu vermeiden.

Gute Drainage ist ebenfalls wichtig. Bevorzugen Sie deshalb Töpfe mit einem Bodenloch und einem Untersetzer zum Sammeln des überschüssigen Wassers.

Auch das Material, aus dem der Topf gefertigt wurde, wirkt sich auf die notwendige Pflege der Pflanze aus. Hier eine kleine Auswahl.

TERRAKOTTATÖPFE

Terrakottatöpfe sind eine gute und naheliegende Wahl. Ob ganz normale, kegelförmige Blumentöpfe oder alte Ausführungen mit Struktur: Für jede Pflanze und jeden Platz gibt es den geeigneten Terrakottatopf. Der natürliche, schlichte Charakter von Terrakotta passt ausgezeichnet zu Zimmerpflanzen, und die Verwendung solcher Töpfe in verschiedenen Größen und Formen wirkt optisch sehr ansprechend. Übrigens lässt sich ein Vintage-Look leicht erzeugen, indem man die Töpfe einige Monate in den Garten oder auf die Veranda stellt. Den Elementen ausgesetzt, erhalten Sie schnell die perfekte Patina.

Allerdings haben Terrakottatöpfe ein paar Haken: Da sie nicht glasiert sind, entziehen sie der Erde Feuchtigkeit, weshalb die Pflanzen häufiger gegossen werden müssen. Und da sie, je nach Stärke, mehr oder weniger porös sind, dringen Mineralien aus dem Wasser im Topf nach außen, was sich irgendwann an den milchigweißen Ablagerungen auf der Außenseite zeigt. So erhält der Topf zwar einen noch stärkeren Vintage-Charakter, das gefällt aber nicht jedem.

HANDGEFERTIGTE KERAMIKTÖPFE

Ob auf einer Töpferscheibe, mit der Hand oder in Massenproduktion gefertigt: Keramiktöpfe aus Ton oder Stein gibt es in allen möglichen Variationen mit diversen Mustern, Glasuren und Bemalungen. Wir halten

TERRAKOTTA ENTZIEHT DER ERDE FEUCHTIGKEIT, WESHALB DIE PFLANZEN HÄUFIGER GEGOSSEN WERDEN MÜSSEN.

DIESE MISCHUNG AUS TERRAKOTTA- UND HANDGEFERTIGTEN TÖPFEN SIEHT TOLL AUS. FRECHE TÖPFE MIT BRÜSTEN VERLEIHEN DEM GANZEN EINE EIGENE LUSTIGE NOTE. EINE ELEGANTE KERAMIKSCHALE IST DAS PERFEKTE ZUHAUSE FÜR EINE KOKEDAMA.

immer Ausschau nach lokalen Produzenten und neuen Fertigungsmethoden. Da handgefertigte Keramik- und Steinguttöpfe bei Temperaturen von mindestens 900 °C gebrannt werden, können Pflanzen direkt eingepflanzt werden. Nicht glasierte Keramiken sind allerdings durchlässig. Das bedeutet, dass Nährstoffe nach außen entweichen können, was auf die Dauer die Stabilität des Topfes beeinträchtigt. Glasuren machen einen Topf nicht nur wasserdicht, sondern schützen ihn und verleihen ihm eine dekorative Note.

PLASTIKTÖPFE

Pflanzen aus dem Gartencenter befinden sich meistens in Plastiktöpfen. In diesen praktischen, aber natürlich ziemlich unansehnlichen Behältern kann das Wasser gut ablaufen und sie haben meist eine Größe, dass die Pflanze einige Monate darin stehen bleiben kann. Wenn es nur um das Gedeihen geht, spricht nichts dagegen, Pflanzen in ihren Plastiktöpfen zu lassen, aber aus ästhetischer Sicht wünscht man sich für seinen Neuzugang doch sicher etwas Spannenderes. Den Plastiktopf als Innentopf in einen hübschen Übertopf aus einem anderen Material zu stellen, ist eine clevere Möglichkeit, den langweiligen Plastiktopf zu verstecken. Außerdem hat diese Lösung

zwei weitere Vorteile: Man erspart der Pflanze den Stress des Umtopfens und erleichtert sich das Gießen, da man den Plastiktopf einfach herausheben kann, um die Pflanze zum Beispiel in der Spüle oder unter der Dusche ausgiebig zu wässern. Im Prinzip ist jeder Übertopf geeignet, aber es sieht besser aus, wenn der Plastiktopf genau in den Übertopf passt.

Plastiktöpfe in Baumwollstoff oder braunes Papier zu wickeln, ist zwar auch eine Möglichkeit, die Pflanze hübsch aussehen zu lassen, zum Beispiel als Geschenk, aber keine langfristige Lösung. Denn hat der Topf keinen Untersetzer, muss man ihn beim Wässern der Pflanze stets aus- und wieder einwickeln.

HÄNGETÖPFE

Hängepflanzen machen sich am besten in speziellen Hängetöpfen, aus denen sie nach unten wachsen können. Sie verleihen Pflanzenarrangements eine gewisse Höhe und sind vor allem ideal für kleine Räume, in denen Bodenfläche kostbar ist. Der Hängetopf sollte stabil sein und entsprechend sicher an der Decke befestigt werden. Da das Wässern von Hängepflanzen nicht immer einfach ist, sollte es möglich sein, den Topf abzuhängen, um die Pflanze an einem anderen Ort wie etwa der Spüle zu

wässern. Oder entscheiden Sie sich für einen Hängetopf ohne Drainageloch und statten Sie diesen, ehe Sie die Pflanze hineinstellen, mit einer Drainageschicht aus Kieselsteinen und Holzkohle aus

PFLANZGEFÄSSE MIT BEWÄSSE-RUNGSSYSTEM

Für vergessliche Pflanzeneltern, Vielreisende und Pflanzen an schlecht zugänglichen Plätzen sind Pflanzgefäße mit einem Bewässerungssystem ideal. Sie verfügen über ein Wasserreservoir, das man zwar auch nachfüllen muss, aber weniger regelmäßig, als man gießen muss. Das Wasser wird nur langsam an die Pflanze abgegeben, und die Wurzeln sind konstant mit Wasser versorgt.

TEXTILTÖPFE

Unentschlossen? Lust auf Umgestalten? Dann sind Textiltöpfe vielleicht die passende Lösung. Ob solche mit wilden ghanaischen Aufdrucken oder abwaschbare Papiertüten in Leder-Optik: Textiltöpfe sind Leichtgewichte und lassen sich schnell austauschen. Auch das Wässern ist simpel: einfach den Textiltopf entfernen und die Pflanze in die Spüle oder unter die Dusche stellen. Wichtig ist nur, den Textiltopf mit einem kleinen Untersetzer unter der Pflanze vor auslaufendem Wasser zu schützen.

KÖRBE

Wir lieben Körbe als Ausdruck nordischer Schlichtheit. Sie sind superleicht und für eine große Pflanze sind sie die beste Alternative zu einem großen, schweren Topf. Schöne Körbe gibt es auch gebraucht. Und es macht einfach Spaß, Vintage- und Secondhandläden nach dem idealen Korb abzuklappern.

KOKEDAMAS

Kokedama, das übersetzt so viel wie »Moosball« heißt, ist eine Art japanische Bonsaipflanze, bei der die sichtbaren Wurzeln und die Erde von Moos zusammengehalten werden, was einen traditionellen Topf überflüssig macht. Man kann sie aufhängen, für schwimmende Gärten verwenden oder in eine Schale bzw. auf einen kleinen Teller stellen.

UNENTSCHLOSSEN? LUST AUF UMGESTALTEN? DANN SIND TEXTILTÖPFE VIELLEICHT DIE PASSENDE LÖSUNG.

UMTOPFEN

AUS ANGST, DASS EINE
PFLANZE DAS UMTOPFEN
NICHT ÜBERLEBT, WARTEN
VIELE SO LANGE, BIS DIESE
ANZEICHEN VON STRESS UND
KRANKHEITEN ZEIGT.

—

NACH EINER GEWISSEN ZEIT in einem Topf ist es unvermeidlich, dass eine Pflanze zu groß für ihn wird und mehr Platz braucht, um ihre Beine auszustrecken. Das merken Sie entweder daran, dass Wurzeln aus dem Topfloch heraushängen oder die Pflanze nicht mehr wächst. Dann wird es höchste Zeit, die Pflanze umzutopfen.

Aus Angst, dass eine Pflanze das Umtopfen nicht überlebt, warten viele damit so lange, bis diese Anzeichen von Stress und Krankheiten zeigt. Die Angst ist aber völlig unbegründet – die Pflanze wird es Ihnen danken, dass sie wieder ungehindert Nährstoffe aus Erde und Wasser aufnehmen kann. Beim Umtopfen wird die Erde ausgetauscht und belüftet, die beste Zeit dafür ist der Frühling. So hat die Pflanze die ganze Wachstumsphase noch vor sich.

Topfen Sie eine Pflanze niemals in einen sehr viel größeren Topf um. Die nächstbeste Größe (etwa 5 cm breiter) genügt vollkommen. Ein zu großer Topf mit zu viel Erde kann zur Überforderung des Wurzelwerks und zu hoher Wasseraufnahme führen, was die Pflanze für Wurzelfäule anfällig macht.

UMTOPFEN RICHTIG GEMACHT

DAS WIRD BENÖTIGT:

- Spieß/Messer
- Gartenhandschuhe
- Gartenschere
- geeignete Pflanzenerde
- neuer Topf
- Kelle

1. Lockern Sie die Pflanzenwurzeln im Topf. Ist der Topf aus Plastik, drücken Sie behutsam auf die Seiten und den Boden. Steht die Pflanze in einem Terrakotta- oder Keramiktopf, lösen Sie die Wurzeln mit einem Spieß oder einem Messer vorsichtig vom Topfrand.
2. Ziehen Sie Gartenhandschuhe an. Legen Sie eine Hand auf die Erde, und drehen Sie den Topf um, damit die Pflanze herausrutscht.
3. Lockern Sie den Wurzelballen sanft. War die Pflanze schlecht eingetopft, müssen Sie vielleicht etwas mehr Kraft aufwenden. Wenn Sie wollen, können Sie das Wurzelwerk mit einer Gartenschere etwas kürzen, das kann wachstumsfördernd sein.
4. Geben Sie etwas frische Pflanzenerde in den neuen Topf. Die Menge richtet sich nach der Größe des Wurzelballens: Die Basis der Pflanze sollte ein paar Zentimeter unterhalb des Topfrandes bleiben.
5. Setzen Sie die Pflanze in die Mitte des neuen Topfes und füllen Sie den Topf mithilfe einer Kelle rundherum mit Pflanzenerde. Stellen Sie den Topf mehrmals kräftig auf die Arbeitsfläche, damit sich die Erde setzen kann. Drücken Sie die Erde nicht zu fest an, damit die Durchlüftung gewährleistet bleibt.
6. Wässern Sie die Pflanze gut und lassen Sie überschüssiges Wasser abfließen.

Auch wenn dieser Vorgang im Grunde bei allen Pflanzen gleich ist, kann es bei Kakteen etwas schwieriger werden. Halten Sie den stacheligen Stamm mit einer gefütterten Zange fest oder umwickeln Sie ihn mit einer Zeitung. So ersparen Sie sich Schmerzen und den Besuch der Notaufnahme! Warten Sie mit dem Wässern von frisch umgetopften Kakteen und Sukkulenten, bis sich die Pflanze gesetzt hat.

JEDER PFLANZENFREUND SOLLTE EINIGE GERÄTSCHAFTEN BESITZEN, DIE DAS GÄRTNERLEBEN ERLEICHTERN. VON LINKS IM UHRZEIGERSINN: MUNDSCHUTZ, SPRÜHFLASCHE AUS MESSING, HANDSCHUHE, PFLANZKELLEN, SCHÜRZE, SCHERE, WEISSÖL, WASSERSTANDSMESSER UND STÄBE.

PROBLEME IM PARADIES

UNABHÄNGIG DAVON, ob Sie Ihre Pflanzen überfürsorglich oder eher nachlässig behandeln, so oder so kann und wird einmal etwas schiefgehen. Da Sie es mit der Natur zu tun haben, werden Sie nicht alles kontrollieren können. Wichtig ist nur, aus Fehlern oder Pannen zu lernen. Lassen Sie sich nicht vom Absterben einer Pflanze entmutigen, das passiert sogar den größten Pflanzenfreaks! Jede Erfahrung vergrößert Ihr Wissen und hilft Ihnen, in Zukunft Probleme zu vermeiden.

Grundsätzlich ist etwas Pflanzenpflege unverzichtbar, um die besten Bedingungen für ein gesundes Wachstum zu schaffen. Durch regelmäßige Kontrolle der Pflanzen erkennen Sie etwaige Probleme, bevor sie zu gravierend werden. Wer Probleme im Keim erstickt, kann ein Pflanzenleben retten.

Halten Sie die Blätter sauber und staubfrei, indem Sie sie mit einem feuchten Lappen oder etwas Küchenpapier abwischen. Weißöl (Neemöl, Niemöl) ist ein gutes, vielseitig einsetzbares Sprühmittel, das Sie zu Hause haben sollten. Es verleiht Pflanzenblättern neuen Glanz und beugt einigen Krankheiten vor. Entfernen Sie abgestorbene oder befallene Blätter, Stiele und Blüten sofort, um zu vermeiden, dass Krankheiten auf gesunde Teile der Pflanze übergreifen. So kann die Pflanze ihre ganze Energie in gesundes Wachstum stecken.

Beobachten heißt das Zauberwort bei der Pflege von Zimmerpflanzen. Achten Sie darauf, wie Ihre Pflanzen auf Wasser und Licht reagieren und ob sich Ihr Wachstum verändert. Pflanzen können Probleme ziemlich gut »kommunizieren«. Das Einleiten sofortiger Gegenmaßnahmen ist schon die halbe Miete. Auf den nächsten Seiten stellen wir Ihnen einige unübersehbare Anzeichen dafür vor, dass etwas schiefläuft, und erklären, was dies für Sie und Ihre Pflanze bedeuten könnte.

> DURCH REGELMÄSSIGE KONTROLLE UND BLATTREINIGUNG ERKENNEN SIE ETWAIGE PROBLEME, BEVOR SIE GRAVIEREND WERDEN. SO BLEIBEN BLÄTTER SCHÖN GLÄNZEND WIE DIE VON DIESEM PRÄCHTIGEN GUMMIBAUM (FICUS ELASTICA).

GRUNDSÄTZLICH IST
ETWAS PFLANZEN-
PFLEGE UNVER-
ZICHTBAR, UM DIE
BESTEN BEDINGUN-
GEN FÜR EIN GESUN-
DES WACHSTUM ZU
SCHAFFEN.

GELBE BLÄTTER Ältere Pflanzenblätter können gelb werden und abfallen, in der Regel ein ganz normaler Alterungsprozess. Werden aber gleich mehrere und auch neue Blätter gelb, bekommt die Pflanze womöglich zu viel Licht. Stellen Sie sie an einen Platz mit indirektem Licht, um zu sehen, ob sich die Pflanze wieder erholt.

BLATTVERLUST Wenn eine Pflanze Blätter verliert, kann das sowohl auf zu viel als auch auf zu wenig Wasser hindeuten. Um das herauszufinden, müssen Sie ein wenig experimentieren. Stecken Sie Ihren Finger in die obere Erdschicht, um festzustellen, ob diese ausgetrocknet ist. Als Faustregel gilt: Ist eine fünf Zentimeter dicke Schicht trocken, wird es Zeit, zu wässern. Bei vielen Blattpflanzen ist Wassermangel leicht zu erkennen: Die Pflanze sieht traurig und schlaff aus, richtet sich aber nach dem Wässern sofort wieder auf. Idealerweise gießen Sie Ihre Pflanzen, kurz bevor sie Anzeichen von Austrocknung zeigen. Versuchen Sie, den idealen Zeitpunkt herauszufinden, und experimentieren Sie so lange, bis der Blattverlust aufhört.

EINROLLENDE BLÄTTER Dieses Phänomen kann die Folge zu langer hoher Trockenheit oder zu geringer Luftfeuchtigkeit sein. Wässern Sie die Pflanze so regelmäßig wie möglich und besprühen Sie sie, um die Luftfeuchtigkeit zu erhöhen.

BRAUNE BLATTRÄNDER Die Hauptursachen hierfür sind trockene Raumluft oder zu wenig Wasser. Bei Überdüngung zeigen sich Verbrennungen an den Blättern in der Gestalt von braunen Spitzen. Befolgen Sie die Angaben des Düngerherstellers und gehen Sie immer auf Nummer sicher: Stärker verdünnen ist besser als zu wenig.

WELKE ODER VERBRANNTE BLÄTTER Dies sind Anzeichen dafür, dass Ihre Pflanze an einem zu warmen Platz steht bzw. direktes, starkes Sonnenlicht Verbrennungen hervorgerufen hat. Vor allem tropische Blattpflanzen sind hierfür anfällig und brauchen einen Platz fern von Fensterglas, das das Sonnenlicht noch verstärkt. Gerade die Mittagssonne ist sehr intensiv und führt bei Zimmerpflanzen leicht zu Schäden.

LANGES UND DÜRRES WACHSTUM Daran lässt sich erkennen, dass die Pflanze nicht genug Tageslicht bekommt. Stellen Sie sie an einen helleren Platz oder einen, an dem sie länger Licht hat.

EINSEITIGES WACHSTUM Was bei manchen Pflanzenarten häufiger auftritt als bei anderen, ist mehr eine Frage der Ästhetik als ein Problem, das der Pflanze ernsthaft schaden könnte. Vor allem die Geigenfeige (Ficus lyrata) neigt zum einseitigen Wachstum, wenn man sie nicht regelmäßig dreht, sodass jede Seite immer mal wieder dem hellsten Teil des Raums zugewandt ist. Probieren Sie es aus und drehen Sie Ihre Pflanze zum Beispiel jedes Mal nach dem Gießen.

WURZELFÄULE Pflanzen mit Wurzelfäule können das Wasser und die Nährstoffe in der Erde nicht mehr gut aufnehmen und wirken so, als wären sie vollkommen ausgetrocknet, obwohl die Erde feucht und voller Nährstoffe ist. Vermeiden lässt sich dieses Phänomen durch adäquate Drainage und einen festen Gießplan. Um die Pflanze zu retten, müssen Sie die Erde entsorgen und die Wurzeln gut abspülen. Schneiden Sie anschließend die befallenen Wurzeln mit einer Haushalts- oder Gartenschere ab. Je nachdem, wie viele Wurzeln Sie entfernen müssen, könnte es auch sinnvoll sein, ein Drittel des Blattwerks abzuschneiden. Tunken Sie die Wurzeln in ein Pilzbekämpfungsmittel und reinigen Sie den Topf gründlich mit einem Desinfektionsmittel oder verdünnten Bleichmittel, um einer Ausbreitung des Pilzbefalls vorzubeugen.

＾ DIESE GELBBUNTE STRAHLENARALIE (SCHEFFLERA ARBORICOLA »VARIEGATA«) WÄCHST EINSEITIG IN RICHTUNG LICHTQUELLE. DREHEN SIE PFLANZEN REGELMÄSSIG, DAMIT DER WUCHS GLEICHMÄSSIG BLEIBT.
＜ LÄNGERE TROCKENPERIODEN HABEN BEI DIESEM KÖSTLICHEN FENSTERBLATT (MONSTERA DELICIOSA) ZU BRAUNEN BLATTRÄNDERN UND -SPITZEN GEFÜHRT.

SCHÄDLINGE + KRANKHEITEN

Irgendwann wird jeder Zimmergärtner mit diesen un-vermeidlichen Phänomenen konfrontiert. Denn Pflanzen aus Gärtnereien sind oft bereits befallen, bevor man sie zu Hause aufstellt. Deshalb sollte man sie vor dem Kauf gründlich inspizieren und nach Anzeichen von Krankhei-ten Ausschau halten. Stellen Sie eine neu gekaufte Pflan-ze niemals sofort neben eine andere Zimmerpflanze, bis sie ganz sicher sind, dass sie gesund ist. Die Quarantäne von kranken Pflanzen, um eine Ausbreitung des Befalls vorzubeugen, ist ebenfalls sinnvoll.

Anzeichen von Schädlingsbefall bzw. Krankheiten:
- Blätter mit braunen Flecken, Löchern oder gezackten Rändern.
- Insekten auf der ganzen Pflanze.
- Mehltau oder Schimmel auf den Blättern, was auf eine Pilzinfektion hindeutet.

Wer seine Zimmerpflanzen regelmäßig kontrolliert, er-kennt Probleme, ehe sie großen Schaden anrichten kön-nen. Da Schädlinge und Krankheiten meistens nur ge-schwächte oder ungesunde Pflanzen befallen, schützen regelmäßiges Wässern und die richtigen Lichtverhältnisse ein Stück weit davor. Ausgeblühte Blüten und abgestor-bene Blätter und Stiele sollten Sie sofort entfernen, um Pilzbefall, der sich gerne auf totem Pflanzengewebe aus-breitet, vorzubeugen. Wird Ihre Pflanze dennoch von Schädlingen oder Krankheiten heimgesucht, ist dies kein Grund, zu verzweifeln. Denn Lösungen gibt es viele. Im Allgemeinen empfehlen wir den Einsatz von biologischen Schädlingsbekämpfungsmitteln; tragen Sie bei der Ver-wendung immer Handschuhe und eine Atemschutzmaske.

GÄNGIGE SCHÄDLINGE

BLATTLÄUSE Kleine, flügellose Insekten, die in verschiedenen Färbungen auftreten. Sie pflanzen sich sehr schnell fort, befallen Pflanzen in großen Gruppen und saugen den Saft aus Blättern und Stielen. Beseitigt werden sie durch Absprühen mit kaltem Wasser oder durch Ab-wischen der befallenen Pflanzenteile mit lauwar-mem Seifenwasser. Es ist sinnvoll, die Blätter an-schließend mit Weißöl einzusprühen, um einem erneuten Befall vorzubeugen.

PILZMÜCKEN Kleine Fliegen, die ihre Eier in Erde mit organischem Material ablegen. Man er-kennt sie leicht, wenn sie auf der Erde, auf den Blättern und/oder auf Fenstern herumkriechen. Sie sind zwar lästig, richten aber keine nennens-werten Schäden an. Und wenn, dann vor allem die Larven. Die einfachste Lösung ist, Überwäs-serung zu vermeiden, da Pilzmücken für ihre Ei-ablage feuchte Erde bevorzugen. Oder gaukeln Sie den Insekten mit einer dünnen Sandschicht auf der Erde vor, sie wäre zu trocken für eine er-folgreiche Eiablage.

WOLLLÄUSE Diese fiesen Kerle sehen aus wie kleine Wollklümpchen. Es handelt sich um winzige, mit einer weißen, pulverigen Wachs-schicht bedeckte Insekten, die den Saft aus Blät-tern saugen und eine klebrige Masse ausschei-den, die Schimmelpilze und Ameisen anzieht. Größere Klümpchen lassen sich mit den Fingern entfernen (es empfiehlt sich, erst Handschuhe anzuziehen), kleinere Exemplare und auch die Exkremente mit einem mit Brennspiritus getränk-ten Wattestäbchen.

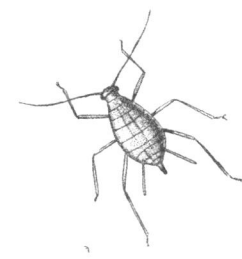

GÄNGIGE KRANKHEITEN

Die meisten Pflanzenkrankheiten werden von Pilzen, Bakterien oder Viren ausgelöst. Um einem Befall vorzubeugen, sollte man die Bedingungen, die das Wachstum derart destruktiver Organismen fördern, gar nicht erst entstehen lassen.

Pilze sind keine angenehmen Mitbewohner. Sie benötigen ein feuchtes Klima und lösen verschiedene Probleme wie etwa Wurzel- und Stängelfäule, Blattflecken und Mehltau aus. Um dem vorzubeugen, sollten die Blätter immer trocken und der Raum gut belüftet sein. Dazu können Sie einen Ventilator in Pflanzennähe aufstellen. Das Zirkulieren der Luft senkt die Luftfeuchtigkeit in der Nähe der Töpfe und lässt die obere Erdschicht in den Töpfen schneller austrocknen. Ist die Pflanze schon befallen, sollte der Pilz sofort durch Entfernung der Erde und/oder der betroffenen Blätter beseitigt werden. Oder beträufeln Sie die Erde mit etwas Apfelessig bzw. bestreuen Sie sie mit Backnatron oder Zimt. Dies erhöht den pH-Wert und macht die Erde etwas säuerlicher, sodass sie weniger anfällig für Pilzbefall ist. Hilft dies nicht, empfiehlt sich ein natürliches Fungizid aus dem Baumarkt.

Bakterien und Viren können das Wachstum eindämmen, Verfärbungen und Blattmissbildung auslösen. Sie werden von Insekten wie etwa Blatt- und Schildläusen verbreitet und lassen sich leider nur schwer bekämpfen. Am besten ist es, die befallene Pflanze schnellstens zu entfernen und Werkzeug, das mit den Erregern in Kontakt gekommen ist, mit Spiritus zu desinfizieren.

SCHILDLÄUSE Flache, ovale Insekten, die wie schwarze Beulen auf Blättern und Trieben sitzen. Sie ernähren sich von Pflanzensaft und scheiden Honigtau, die Leibspeise von Ameisen, aus. Erwachsene Schildläuse sind bewegungsunfähig und mit einer harten braunen Schale bedeckt. Entfernen Sie die Schädlinge mit einer Zahnbürste und besprühen Sie die Pflanze vorbeugend mit Weiß- oder Niemöl.

SPINNMILBEN Winzige Milben, die sich an der Blattunterseite am Pflanzensaft gütlich tun und Blätter zum Absterben bringen. Kleine rote Punkte auf den Blättern und ein feines Netz auf der Blattunterseite deuten auf Befall hin. Weißöl schafft Abhilfe, da es die Schädlinge abtötet. Ist Ihre Pflanze schön und kräftig, können Sie sie an drei Vormittagen nacheinander auch mit einem kräftigen Wasserstrahl abduschen.

WEISSE FLIEGEN Winzige weißflügelige Fliegen, die in Gruppen die Unterseite der Blätter befallen, sich von Pflanzensaft ernähren und Honigtau ausscheiden. Sie fliegen in einer Wolke auf, wenn man die Pflanze berührt. Beim Befall einer kräftigen Pflanze einfach mit dem Staubsauger absaugen. Oder besprühen Sie die Blätter mit Weißöl.

GESTALTUNG

PFLANZEN KÖNNEN Räume komplett verändern. Wie Sie auf den nächsten Seiten sehen können, verleihen Pflanzen Wohn- und Arbeitszimmern mehr Leben. Wichtig dabei ist, Tiefe zu schaffen, Blickfänger einzusetzen und interessante Formen zu kreieren. Ob wilder Dschungel oder ein paar grüne Farbtupfer: Entscheiden Sie nach Ihrem Geschmack und schaffen Sie etwas Einmaliges. Spielen Sie mit den Möglichkeiten und experimentieren Sie, um herauszufinden, was Ihnen am besten gefällt.

PFLANZENGRUPPEN BILDEN

Wichtig bei der Gestaltung mit Pflanzen ist die Form. Haben sie einen aufrechten Wuchs, sind sie buschig oder hängend? Wie ist die Blatttextur, welche Muster haben sie? Wie wirkt das Zusammenspiel der Farben und Variationen? Es macht großen Spaß, Texturen, Farben und Formen zu mischen und ein markantes Gruppenbild zu erstellen. Bringen Sie glänzende Blätter und auffällige Strukturen zusammen, aber stellen Sie Pflanzen nicht in Reih und Glied. Und: Eine ungerade Zahl macht sich immer besser als eine gerade Zahl. Große Pflanzengruppen wirken sehr gut, kombinieren Sie dabei groß, klein, hoch und niedrig. Toben Sie sich aus und schaffen Sie sich Ihren Dschungel.

Wenn Sie Pflanzen mit den gleichen Pflegeansprüchen zusammenstellen, erzeugt dies ein Mikroklima, das die Luftfeuchtigkeit entsprechend erhöht, was vor allem tropische Blattpflanzen sehr schätzen. Auch das Gießen ist einfacher, wenn Pflanzen mit den gleichen Wasserbedürfnissen beisammenstehen.

GROSSE PFLANZENGRUPPEN WIRKEN SEHR GUT, KOMBINIEREN SIE DABEI GROSS, KLEIN, HOCH UND NIEDRIG. TOBEN SIE SICH AUS UND SCHAFFEN SIE SICH IHREN DSCHUNGEL.

BLICKFÄNGER

Zimmerbäume sind der perfekte Blickfang und setzen in einem Raum Akzente. Ob frei stehend oder in einer Gruppe: Eine große Birkenfeige oder Strelitzie macht sich wunderbar als Mittelpunkt.

PFLANZENSTÄNDER

Gut platzierte Pflanzenständer sind ein tolles Mittel, um in einer Pflanzenkomposition Tiefe und Höhe zu kreieren. Mit dieser Accessoires, die an sich schon auffallen, können Sie Pflanzen im bestehenden Mobiliar flexibel positionieren. Ob aus Holz oder Metall: Die Auswahl ist enorm. Verwenden Sie auch da verschiedene Höhen, Formen und Materialien.

HÄNGEN UND KLETTERN

Arten wie die Wachsblume (Hoya), die Efeutute (Epipremnum aureum) oder die Leuchterblume (Ceropegia woodii) sind besonders geeignet. Lassen Sie einen »schwimmenden Garten« entstehen, indem Sie ein paar Hängepflanzen nebeneinander gruppieren, oder lassen Sie eine Kletterpflanze an einem Bücherregal oder einer Wand emporwachsen oder mithilfe eines Hakens um einen Spiegel ranken.

FENSTERBANK MIT WÜSTENPFLANZEN

Eine Fensterbank mit Kakteen und Sonne liebenden Sukkulenten sieht einfach toll aus. So entsteht nicht nur eine erstaunliche Silhouette, die Wüstenbewohner erhalten auch die dringend erforderlichen Sonnenstrahlen. Mischen Sie Formen, Texturen und Höhen nach Lust und Laune.

VERMEHRUNGSSTATION

Es gibt eine einfache Methode, Ihre Räume grüner wirken zu lassen: Stellen Sie Stecklinge in hübsche Flaschen und beobachten Sie, wie sie Wurzeln bilden. Anders als Schnittblumen wachsen sie einfach weiter! Und sobald sie eingetopft werden können, füllen Sie die Flaschen mit neuen Stecklingen.

˄ EIN BEISPIEL FÜR EINE PFLANZENGRUPPE. DREI STÜCK SIND VON DER ANZAHL HER IDEAL
˂ NEBEN DEM KUNSTWERK MACHT SICH DIESER SCHWERTFARN (NEPHROLEPIS EXALTATA) AUF EINEM PFLANZENSTÄNDER AUS HOLZ BESONDERS GUT.

ANZEN

FORMSCHÖN, MARKANT UND ÜPPIG – Blattpflanzen bilden die erfolgreichste und größte Zimmerpflanzengruppe. Ob der feinblättrige Frauenhaarfarn (Adiantum raddianum) oder das herrliche Elefantenohr (Colocasia): Für jeden Raum und für jedes Raumklima gibt es das passende Exemplar. Markante großblättrige Pflanzen wie die Geigenfeige (Ficus lyrata) oder das Köstliche Fensterblatt (Monstera deliciosa) sind zu Recht sehr beliebt. Denn diese Schönheiten verändern die Raumdynamik und werden von jedem Besucher bewundert. Kletterkünstler wie Baumfreund (Philodendron cordatum), Wachsblume (Hoya) oder Efeutute (Epipremnum aureum) verleihen kantigen Oberflächen etwas wilden Dschungelflair. Sie machen sich vor allem gut in Bücherregalen und auf Fernsehmöbeln. Diese Pflanzen können bis zum Boden hängen, aber auch über Möbel und an Wänden nach oben geführt werden. Dank ihrer leichten Vermehrung können sie Ihre Sammlung problemlos erweitern. Blühende Blattpflanzen wie Begonien oder Zwergpfeffer sorgen in einer Gruppe mit immergrünen Artgenossen für Abwechslung und Spannung und setzen auf Ihrem Schreibtisch einen Farbakzent. Apropos Farbakzent: Zahlreiche Blattpflanzenarten haben blühende Verwandte, die Ihre Pflanzensammlung vielfältig bereichern. Die Mischung aus unterschiedlichen Texturen, Farben, Formen und Höhen macht den Reiz aus. Lassen Sie Ihrer Fantasie freien Lauf. In diesem Kapitel finden Sie eine Auswahl an beliebten Blattpflanzen – eine Pflanzengruppe, die Hunderte von Arten und Varietäten umfasst. Sie werden sehen, dass Ihr neues Hobby bereichernd ist, aber auch süchtig macht. Denn Grün kann man einfach nie genug haben!

OB DER FEINBLÄTTRIGE FRAUENHAARFARN ODER DAS HERRLICHE ELEFANTENOHR: FÜR JEDEN RAUM UND JEDES RAUMKLIMA GIBT ES DIE PASSENDE BLATTPFLANZE.

> BLATTPFLANZEN GIBT ES IN ALLEN MÖGLICHEN FORMEN, FARBEN UND TEXTUREN UND SIE WIRKEN ALS GRUPPE GROSSARTIG. AUSSERDEM SIND SIE NÜTZLICHE MITBEWOHNER, DA SIE DIE RAUMLUFT REINIGEN, ATMOSPHÄRE SCHAFFEN UND INSPIRIEREND WIRKEN.

FATSIA JAPONICA »SPIDERWEB«

ZIMMERARALIE

Wer eine imposante Blattpflanze sucht, wird von dieser Zimmeraralie mit ihren großen Blättern, die denen der Strahlenaralie (siehe S. 72) zum Verwechseln ähnlich sehen, beeindruckt sein. Die blühende »Spiderweb« hat ledrige, hübsch gesprenkelte Blätter, die am richtigen Standort bis zu 30 Zentimeter groß werden können. Zu dieser Pflanze passt am besten ein unauffälliger Topf, damit sie selbst im Mittelpunkt steht.

LICHT

Hell, indirekt

WASSER

Mäßig bis viel

ERDE

Gut durchlässig

LICHT	WASSER	ERDE
Wenig bis mäßig	Wenig bis mäßig	Gut durchlässig

EPIPREMNUM AUREUM

EFEUTUTE

Diese wunderbare Hängepflanze begeistert mit ihren herzförmigen, glänzenden grünen und goldfarbenen Blättern, die sich gut führen lassen. Die Efeutute ist eine hervorragende Einsteigerpflanze, da sie als ziemlich anspruchslos gilt. Sie verzeiht Vernachlässigung, ist pflegeleicht und kommt auch mit wenig Licht gut klar. Und sie ist mehr als nur ein hübsches Gesicht. Denn ihre luftreinigenden Fähigkeiten sorgen dafür, dass die Luft im Haus rein bleibt. In der freien Natur kann diese Pflanze bis zu zwölf Meter lang werden, in Räumen eher nicht. Dennoch rankt diese schnell wachsende Schönheit ausgezeichnet und ist ideal für Regale, die etwas leer aussehen.

STRELITZIA

PARADIESVOGELBLUME

Ihren Namen verdankt diese Pflanze ihren großen tropischen Blüten, aber auch ihre Blätter sind sehr imposant. Sie bevorzugt einen hellen Platz mit etwas direkter Sonne wie zum Beispiel eine Fensterbank. Entscheiden Sie sich für die riesige Baum-Strelitzie (Strelitzia nicolai) mit ihren breiten, paddelähnlichen Blättern und weißen Blüten oder für die kleinere Varietät (Strelitzia reginae) mit ihren orangefarbenen Blüten. Bei ungünstigen Lichtverhältnissen sind sie weniger blühfreudig, die Blätter aber sind so schön, dass man die Blüten nicht vermisst.

LICHT

Hell, teilweise direkt

WASSER

Mäßig

ERDE

Gut durchlässig

LICHT
Hell, indirekt

WASSER
Mäßig

ERDE
Gut durchlässig

PIPER KADSURA
KADSURA-PFEFFER

Dieses ursprünglich aus Südostasien stammende Pfeffergewächs ist eine hervorragende Schlingpflanze mit wunderschönen wachsartigen grünen Blättern, die auch Ihr Herz erobern wird. Diese hübsche Grünpflanze ist pflegeleicht und somit auch dankbar für Einsteiger. Mit einem Regalbrett oder einem Pflanzenständer als Standort kommt man ihr am besten entgegen.

SCHEFFLERA ARBORICOLA

STRAHLENARALIE

Nicht leicht auszusprechen, aber pflegeleicht: Die Schefflera arboricola oder Strahlenaralie ist eine prachtvolle Blattpflanze, von der es auch diverse blühende Variationen gibt, mit denen sich noch mehr Abwechslung und Spannung in den Zimmerdschungel bringen lässt. Da zu wenig Licht dazu führt, dass die Pflanze lang, dünn und schlapp wird, sollten Sie sie am besten an einen hellen Platz stellen. Wer das Gießen mal vergisst, wird von der Strahlenaralie mit Nachsicht behandelt. Dennoch empfiehlt sich ein fester Gießplan, um Schädlinge wie etwa Spinnmilben fernzuhalten.

LICHT

Hell, indirekt

WASSER

Mäßig

ERDE

Gut durchlässig

LICHT

Hell, indirekt

WASSER

Mäßig

ERDE

Gut durchlässig

ALOCASIA »POLLY«

ALOKASIE (PFEILBLATT)

Bei der Alokasie handelt es sich um eine richtig ausgefallene Blattpflanze. Mit ihren auffallenden weißen Linien auf dem grünen Untergrund verleiht die Alokasie jeder Pflanzengruppe das gewisse Etwas. Da sie etwas anspruchsvoller ist, eignet sie sich nicht unbedingt als Einsteigerpflanze: Neben hoher Luftfeuchtigkeit ist regelmäßiges Gießen wichtig für ein gesundes Wachstum. Die Erde sollte feucht, aber nicht zu nass sein. Besprühen Sie auch immer wieder die Blätter.

LICHT	**WASSER**	**ERDE**
Hell, indirekt	Mäßig	Gut durchlässig

MONSTERA DELICIOSA

KÖSTLICHES FENSTERBLATT

Das Köstliche Fensterblatt zählt zu unseren Lieblings-grünpflanzen und ist der Traum aller Designfans. Die leicht glänzenden, markanten Blätter und das schnel-le, üppige Wachstum machen diese Pflanze zu einem Schmuckstück in jedem Raum. Ursprünglich eine Bewoh-nerin der zentralamerikanischen Regenwälder bringt sie ein gewisses Dschungelflair ins Haus. Da sie robust und zäh ist, braucht es nicht viel, um sie zufriedenzustellen. Aufgrund ihres schnellen Wachstums benötigt sie aller-dings ausreichend Platz, um sich ausbreiten zu können. Wie die meisten tropischen Pflanzen schätzt das Köst-liche Fensterblatt einen hellen Platz mit viel indirektem Licht. Da sie unter dem Blätterdach des Regenwaldes lebt, verwendet sie ihre enormen Luftwurzeln, um Licht zu tanken. Lichtmangel kann die Struktur ihrer Blätter verändern, für die die Pflanze so berühmt geworden ist. Mit direktem Sonnenlicht sollte man jedoch vorsichtig sein, denn die großen Blätter tragen schnell Verbren-nungen davon. Um das Fensterblatt topfit zu halten, empfiehlt sich etwa alle drei Monate eine Düngergabe. Wie viel Wasser Ihr Fensterblatt benötigt, hängt da-von ab, wie viel Licht es bekommt. Um Austrocknung vorzubeugen, sollten Sie etwa einmal wöchentlich gießen. Tun Sie dies kräftig, solange das Wasser über das Topfloch abfließen kann. Wässern Sie aber erst, wenn die obere Erdschicht (etwa 5 cm) trocken ist. Die reifen Fruchtstände kann man übrigens essen – sie schmecken fast wie Obstsalat, daher auch das »Köstlich« im Namen!

PFLANZENFREUNDE

TAHNEE
CARROLL

Freie Raumstylistin

^ DAS INDIREKTE LICHT IN IHREM WOHNZIMMER IST GUT FÜR DAS ÜPPIGE WACHSTUM VON TAHNEES FENSTERBLÄTTERN (MONSTERA ADANSONII UND DELICIOSA). SIE HAT FÜR IHR ZUHAUSE VIELE INTERESSANTE KERAMIKGEFÄSSE GESAMMELT.

ERZÄHLE UNS ETWAS ÜBER DICH: ÜBER DEINEN BACK-GROUND, DEINE ARBEIT, DIE RÄUME, IN DENEN WIR DICH FOTOGRAFIEREN.

Ich bin Raumstylistin, habe Innenarchitektur studiert und war einige Zeit in der Medienbranche tätig. Von einer Assistenzstelle habe ich mich zu dem hochgearbeitet, was ich jetzt bin. Heute gestalte ich große Kampagnen für Möbel- und Haushaltswarenmarken mit und arbeite für bekannte Medien wie Real Living. Ich bin Mitbegründerin von »Citizens of Style«, einer Foto- und Styling-Agentur, die Bilder und Videos für Firmen, Künstler und Zeitschriften erstellt. Zusammen mit meinem Border Collie Rue und dem Keramiker Cloud Tuckwell, der für die Porzellanmanufaktur Mud Australia arbeitet, bewohne ich eine Doppelhaushälfte im Stadtteil Inner West in Sydney. Unsere Einrichtung ist eine Mischung aus Alt und Neu. Ich habe ein Näschen für schöne Dinge, die irgendwo abseits versteckt zu finden sind, aber ich liebe auch teure Antiquitäten und Keramik aus den Fünfzigern. Die Farbpalette umfasst Erdfarben mit Schwarz- und Messingakzenten, und in jeder Ecke stehen Pflanzen.

IN DEN SIEBZIGERN WAREN ZIMMERPFLANZEN EXTREM BELIEBT UND HEUTE SCHEINT ES WIEDER SO ZU SEIN. WIE LÄSST SICH DIESE RENAISSANCE ERKLÄREN?

Ich glaube, dass die Leute keine Lust mehr auf Minimalismus haben – mir geht es auf jeden Fall so. Zimmerpflanzen sind deshalb wieder beliebt, weil viele Menschen, vor allem Städter, ihre Vorzüge erkannt haben. Bei so viel schmutziger Luft ist es einfach toll, in ein Haus zu kommen, in dem die Luft sauber ist.

ALS STYLISTIN SCHAFFST DU STÄNDIG SCHÖNE ENSEMBLES. WELCHE ROLLE SPIELEN PFLANZEN DABEI?

Ein Raum ohne ein bisschen Natur ist für mich unvollkommen. Und es ist wirklich einfach, eine Zimmerpflanze hineinzustellen – entweder eine große, ausdrucksvolle Pflanze, die dem Raum Höhe und Tiefe verleiht, oder eine Hängepflanze, die sich von einem Kaminsims oder einem Regalbrett nach unten rankt. Grün gibt einem Raum Wärme.

EIN RAUM OHNE EIN BISSCHEN NATUR IST FÜR MICH UNVOLLKOMMEN UND ES IST WIRKLICH EINFACH, EINE ZIMMERPFLANZE HINEINZUSTELLEN.

DU UMGIBST DICH MIT VIELEN PFLANZEN. WELCHEN EINFLUSS HABEN SIE AUF UNSERE RÄUME (UND UNSER LEBEN)?

Pflanzen bringen Leben in das eigene Zuhause – buchstäblich. Außerdem machen Pflanzen glücklich und gesund, da sie die Luft reinigen. Wenn ich sehe, dass meine Pflanzen gedeihen, weiß ich, dass ihre Umgebung gesund ist, und sie halten umgekehrt die Luft für mich rein.

WIE HÄLTST DU DEINE PFLANZEN GLÜCKLICH UND GESUND?

Ich behalte sie ständig im Auge. Da die Lichtverhältnisse im Haus jahreszeitlich bedingt stark wechseln, beobachte ich, wie es den Pflanzen an ihren Plätzen geht. Sehen Sie eher traurig aus, stelle ich sie an einen anderen, fensternahen Platz, wo sie wieder aufleben. Außerdem bekommen sie einmal monatlich etwas flüssigen Algendünger und damit Extranährstoffe. Sonne + Liebe + Wasser + Musik = glückliche Pflanze = glückliches Ich.

HAST DU EIN PAAR TIPPS FÜR DIE RAUMGESTALTUNG MIT PFLANZEN?

Ich bilde gerne Gruppen mit kleinen Pflanzen in hübschen Keramiktöpfen. Große Pflanzen stehen bei mir meistens allein – wie Skulpturen.

WAS SIND DEINE LIEBLINGSPFLANZEN UND WARUM?

Tja, das sind meine Fensterblätter! Ich habe zwei verschiedene, das eine so schön und wild wie das andere. Ich mag Erdtöne sehr, was ja ein Ding der Siebziger war. Vielleicht liebe ich das Köstliche Fensterblatt (Monstera deliciosa) deshalb so, weil es auch in den Siebzigerjahren beliebt war.

∧ GRUPPEN MIT EINER UNGERADEN ZAHL AN PFLANZEN SIND OPTISCH ANSPRECHEND UND MACHEN SICH GUT AN EINEM FENSTER, WO DIESE VIEL INDIREKTES LICHT ABBEKOMMEN. ‹ (LINKS OBEN) HÄNGEPFLANZEN WIE DIE HÜBSCHE LEUCHTERBLUME GIBT ES HIER IM HAUS ÜBERALL.

^ ES IST WUNDERBAR, NEBEN SCHÖNEN PFLANZEN AUFZUWACHEN, UND DANK DER ENTGIFTETEN LUFT SCHLÄFT MAN SO AUCH BESSER. ❯ EIN VON EINEM DICKEN STECKEN GESTÜTZTES KÖSTLICHES FENSTERBLATT (MONSTERA DELICIOSA).

SPATHIPHYLLUM
EINBLATT

Nur weil diese zähe Pflanze oft in Einkaufszentren oder Büros steht, sollte man sie nicht mit Missachtung strafen. Denn dank der Eigenschaft, mit sehr wenig Licht auszukommen, zählt diese blühende Schönheit zu den pflegeleichtesten Zimmerpflanzen überhaupt – und üppig und hübsch ist sie obendrein. Sie gedeiht zwar gut an weniger hellen Stellen, zeigt sich dort aber nicht so blühfreudig. Wenn es Ihnen also um die großen weißen Blüten geht, stellen Sie die Pflanze an einen hellen Platz mit indirektem Licht. Das Einblatt zeigt unmissverständlich, was es gerade braucht. Hat die Pflanze Durst, lässt sie ihre Blätter hängen, aber einmal gewässert, richtet sie sie im Nu wieder auf. Bekommt sie zu viel Wasser, können die Blattspitzen braun werden. Und wenn die Blätter verwelken, ist die Luftfeuchtigkeit zu gering, da hilft Besprühen.

LICHT

Wenig bis mäßig

WASSER

Mäßig

ERDE

Gut durchlässig

LICHT	**WASSER**	**ERDE**
Wenig bis mäßig	Wenig	Gut durchlässig

ZAMIOCULCAS ZAMIIFOLIA
ZAMIE (GLÜCKSFEDER)

An dieser robusten Dame scheitert nicht mal der schwärzeste Daumen. Sie ist der Chuck Norris der Zimmerpflanzen. Kein Wasser, kein Licht, keine Sorgen – die Zamie kann überall im Haus stehen und verkraftet auch ungünstige Bedingungen. Mit ihren tiefgrünen, glänzenden Blättern ist sie pflegeleicht und zäh zugleich. Sie bereichert Ihre Sammlung mit üppigem Grün, und das bei minimalem Einsatz: Einmal pro Monat ausgiebig wässern, in der kalten Jahreszeit weniger, ist ausreichend. Zu Recht wird sie auch die »unverwüstliche Zimmerpflanze« genannt.

CHLOROPHYTUM COMOSUM
GRÜNLILIE

Die Grünlilie ist sehr pflegeleicht und nimmt auch die schlimmsten Missstände und den nachlässigsten Betreuer hin. Sie gibt sich mit den unterschiedlichsten Bedingungen zufrieden und bereitet selten Probleme – die gelegentlich auftretenden braunen Blattspitzen lassen sich leicht entfernen. Die Pflanze bildet Jungpflanzen, die an langen Seitentrieben wachsen. Diese Miniaturausgaben der Mutterpflanze eignen sich gut zum Vermehren – eine einfache und billige Art, um die Pflanzensammlung zu erweitern. Sogar die NASA lobt Grünlilien für ihre luftreinigenden Eigenschaften. Gibt es eigentlich etwas, das sie nicht können?

LICHT

Hell, indirekt

WASSER

Mäßig

ERDE

Gut durchlässig

LICHT

Wenig bis mäßig

WASSER

Mäßig, wenig im Winter für mehr Blüten

ERDE

Gut durchlässig

HOYA OBOVATA

WACHSBLUME

Namensgeber der Hoya ist jener Mann, der dieses Gewächs berühmt gemacht hat: der Botaniker Thomas Hoy. Mit ihren großen, dicken, saftigen Blättern könnte man Wachsblumen auch für Sukkulenten halten. Und die gibt es tatsächlich, aber mehrheitlich sind Wachsblumen keine Sukkulenten. Ihr Name bezieht sich auf die wachsartigen Blätter und Stiele. Diese schöne Pflanze ist äußerst tolerant und belohnt leichte Vernachlässigung sogar mit großen Blüten, welche aus hübschen Gruppen von kleinen fünfzackigen Sternen bestehen, die genauso süß riechen, wie sie aussehen. Und als wäre das alles noch nicht genug, weist diese bescheidene Pflanze zahlreiche weitere beeindruckende blühende Varietäten auf.

COLOCASIA
ELEFANTENOHR

Saftige große Blätter sind das Markenzeichen des treffend benannten Elefantenohrs. Mit ihren auffallenden Blättern, die von Grasgrün bis Schwarzblau variieren können, ist diese immergrüne Pflanze
ein echter Blickfang, und die verschiedenfarbige Cousine erst recht. Stellen Sie sich darauf ein, dass sie
ordentlich Platz braucht, denn sie kann bis zu 1,2 Meter hoch werden. Während der kalten Jahreszeit
stellt das Elefantenohr in einer Art Winterruhe sein Wachstum ein. Was für Einsteiger beunruhigend
sein kann, ist aber eine ganz normale Phase im Wachstumszyklus. In dieser Zeit sollte man abgestorbene Pflanzenteile entfernen und weniger gießen. Nach kurzer Zeit gibt es wieder neue wunderschöne
Blätter.

LICHT

Hell, indirekt

WASSER

Mäßig bis viel + besprühen

ERDE

Gut durchlässig, auf Torfbasis

LICHT
Hell, indirekt

WASSER
Mäßig

ERDE
Gut durchlässig

SYNGONIUM
PURPURTUTE

Als Mitglied der Familie der Aronstabgewächse (Araceae) ist die Purpurtute die kleine Schwester des Philodendrons. Da sie relativ pflegeleicht ist, hat man viel Zeit, sich, je nach Art, an dem satten Grün oder den rosaroten Blättern zu erfreuen. Diese Pflanze reinigt die Luft in Räumen und schlängelt sich in alle Richtungen. Um sie schön in Form zu halten, sollte sie regelmäßig geschnitten werden.

HEUCHERA

PURPURGLÖCKCHEN

Läuten Sie die Glocken für diese blühende Schönheit, die ebenso zierlich wie eindrucksvoll eine Bereicherung für Ihre Pflanzensammlung darstellt! Die Gattung ist sehr artenreich und kommt in einer
beeindruckenden Farbpalette – von Dunkellila über Lindgrün bis Gelb – daher: Erstellen Sie einfach
Ihren persönlichen Heuchera-Regenbogen. Manche brauchen einen hellen Standort mit indirektem
Licht, während die mit dunklen Blättern auch ein wenig Morgensonne vertragen.

LICHT

Hell, indirekt

WASSER

Mäßig

ERDE

Feucht, gut durchlässig

ANTHURIUM

FLAMINGOBLUME (ANTHURIE)

Die wegen ihrer markanten Blüten Flamingoblume genannte Anthurie ist robust und ziemlich pflegeleicht. Sie bevorzugt einen hellen Platz mit indirektem Licht: Je dunkler, desto weniger Blüten und mehr Blätter gibt es. Dennoch ist es relativ einfach, das Beste aus beiden Welten zu erhalten. Wichtig ist nur, dass sie kein direktes Sonnenlicht abbekommt. Flamingoblumen sind anfällig für Wurzelfäule, daher sollten sie nicht zu viel gegossen werden und sie benötigen eine gut durchlässige Erde. Verwenden Sie einen Dünger mit einem hohen Phosphoranteil, um die Blühfreudigkeit anzukurbe n. Alle paar Monate eine Gabe sollte genügen.

PFLANZENFREUNDE

EMMA MCPHERSON

Gründerin von »The Plant Room«

^ EIN MIT HÄNGEPFLANZEN UND DIVERSEN GRÜNPFLANZEN DEKORIERTES HOLZREGAL SCHAFFT EINE VISUELLE TRENNUNG ZWISCHEN DEN VERSCHIEDENEN BEREICHEN DES GROSSEN RAUMS. > HANDGEFERTIGTE KERAMIK VERZIERT DEN TISCH.

**DU HAST IN DEINEM LEBEN SCHON VIEL GEMACHT. ER-
ZÄHLE UNS EIN WENIG DAVON UND AUCH, WIE »THE
PLANT ROOM« ENSTANDEN IST.**

Stimmt, ich habe schon einiges gemacht! Jahrelang
war ich im Gastgewerbe und im Eventmanagement tätig
und habe währenddessen das studiert, was mich wirklich
interessiert hat, etwa Metaphysik, Parapsychologie und
Astrologie. In das Gastgewerbe hat es mich nach meinem Schulabschluss verschlagen, aber ich war eigentlich
immer nur auf der Suche nach Dingen, die mir halfen
herauszufinden, wer ich bin und wieso ich auf diesem
verrückten Planeten lebe. Nach meinen Studien habe ich
die Gestalttherapie entdeckt und mein Leben entsprechend verändert. Ich habe mich aus dem Gastgewerbe
verabschiedet und wurde Suchttherapeutin. Dann bekam
ich ein Kind, und alles war anders.

Mein Mann und ich beschlossen, unseren Jungen in
einem Haushalt großzuziehen, in dem beide Eltern täglich dem nachgehen können, was sie lieben. Unser Beruf
sollte nicht nur Arbeit sein, sondern eine Lebensweise,
die angenehm und inspirierend ist und Spaß macht. Ich
entschied mich für Design und machte wieder eine Aus-
bildung, diesmal zur Innenarchitektin. Danach kam die
Selbstständigkeit und ich fing an, für Privat- und Firmen-
kunden zu arbeiten.

Am Anfang war ich erstaunt darüber, dass viele Menschen keine Pflanzen haben. Ich bin aufgewachsen mit
Schwertfarnen (Nephrolepis exaltata), die von der Decke
herabhingen, und Fensterblättern, die an den Wänden
hochwuchsen. Ein Leben ohne Grün war mir fremd und
nicht nachvollziehbar.

»The Plant Room« entstand aus dem tiefen Wunsch,
nachhaltige und inspirierende Räumlichkeiten zu kreieren,
denen eine Seele und Schaffenskraft innewohnen. Ich bin
umgeben von handgefertigten Keramiken, Holz und Pflanzen aufgewachsen – und genau diese Elemente machten
unser Zuhause so heimelig. In mit Liebe gefertigten Stücken aus Naturmaterialien steckt die Seele des Schöpfers.
Ich glaube, es passiert etwas Magisches, wenn man sein
Zuhause mit solchen Objekten füllt. Alles in meinem Laden
stammt von meinen Lieblingsmöbelmachern und Desig-
nern – mit Liebe und von Menschenhand gefertigt. Diesen
Stücken wohnt eine Schaffenskraft inne, und genau diese
Energie und dieser Geist sind es, die wir für unsere Workshops, Kooperationen und Veranstaltungen nutzen.

ICH BIN UMGEBEN VON HANDGEFERTIGTEN KERAMIKEN, HOLZ UND PFLANZEN AUFGEWACHSEN – UND GENAU DIESE ELEMENTE MACHTEN UNSER ZUHAUSE SO HEIMELIG.

»THE PLANT ROOM« IST ABER VIEL MEHR ALS NUR EIN SCHÖNER PFLANZENLADEN. ERZÄHL DOCH MAL, WAS FÜR GROSSARTIGE DINGE IHR HIER MACHT.

»The Plant Room« ist in der Tat mehr als nur ein Laden und hat für die Besucher auch unterschiedliche Bedeutung. Für die einen ist es ein Treffpunkt zum Reden und Tee- oder Kaffeetrinken, für andere eine Bildungsstätte. Wir arbeiten eng mit vielen Menschen aus der Umgebung zusammen und organisieren regelmäßig Veranstaltungen. Es gab schon Yoga- und Meditationskurse, Textilkunstworkshops, Veranstaltungen mit dem Schwerpunkt Sexualität der Frau und Abende für LGBTQ-Kinder in unserer Gegend. Wir hatten Diskussionsrunden zu allen möglichen Themen – von Körperbildstörungen bis hin zur Gesunderhaltung von Pflanzen. Ich finde es toll, dass dieser Ort allen offensteht, die sich mit sich selbst und dem, was ihnen wichtig ist, beschäftigen wollen.

DIR IST WICHTIG, MIT DER NATUR IM EINKLANG ZU LEBEN. HABEN PFLANZEN SCHON IMMER EINE GROSSE ROLLE IN DEINEM LEBEN UND LEBENSRAUM GESPIELT?

Ja, sie waren in meinem Leben immer schon wichtig – unser Zuhause war stets voller Pflanzen. Wir haben in Gegenden gelebt, in denen es viel Natur gab, und ich war ständig mit Freunden unterwegs, um neue Tümpel und Kletterbäume zu entdecken. Anders als viele Menschen, denen ich seit meinem Wechsel in die Designwelt begegnet bin, habe ich diese Nähe zur Natur nie verloren. Es erstaunt mich, zu sehen, was dieser Verlust mit den einzelnen Individuen, aber auch mit der Gesellschaft macht.

»LEBEN IST WACHSTUM« LAUTET DER SLOGAN AUF DEINER WEBSITE. KANNST DU UNS DAS ERLÄUTERN?

Ich glaube an Fortschritt und Entwicklung, daran, dass wir alle hier sind, um zu wachsen und bewusster zu leben. Dafür steht auch »The Plant Room« … alles, was wir tun, und alles, was wir verkaufen, stammt von Orten des Wachstums. Die Gespräche, die Workshops, jedes einzelne Objekt am Boden und in den Regalen steht für Entwicklung, für Bildungsrevolution und für das Erwachen von Bewusstsein. Ich wollte einen Ort schaffen, an dem die Schaffenskraft lebendig ist. Einen, an dem Menschen sich mit sich selbst und mit der Umwelt verbunden fühlen. Einen, an dem Menschen befreit sind vom Überfluss und mehr mit dem

ES IST ETWAS GANZ BESONDERES, WENN MAN DEN PASSENDEN HANDGEFERTIGTEN TOPF FÜR EINE PFLANZE FINDET.
EMMA FÜLLT IHREN LADEN MIT AUSGEFALLENEN PRODUKTEN, DIE MIT LIEBE VON HAND GEMACHT WURDEN.

EMMA FÜHLT SICH MIT DER NATUR SEHR STARK VERBUNDEN, UND DAS ZEIGT SICH IN IHREN RÄUMLICHKEITEN. ES IST EIN EINLADENDER UND GEPFLEGTER ORT, AN DEM IMMER MUSIK SPIELT UND DER TEE FRISCH AUFGEBRÜHT WIRD.

Leben, mit sich und mit der Natur verbunden sein können. Ich umgebe mich mit Menschen und Objekten, die mich inspirieren, und hoffe, dass auch andere das beim Betreten von »The Plant Room« spüren. Die Gespräche fördern unser Wachstum und öffnen uns die Augen für neue Ideen. Es sind Lektionen, die uns das tägliche Leben und die Suche nach dem Neuen erteilen. Wachstum kann auch aus Kummer oder harter Arbeit entspringen. Wachstum findet immer statt, es ist Teil des Lebens. Deshalb sollten wir es annehmen, genießen und nutzen.

WIR SIND DAVON ÜBERZEUGT, DASS PFLANZEN RÄUME AUFWERTEN. WIE EMPFINDEST DU ES, IM TÄGLICHEN LEBEN UND ARBEITEN VON GRÜN UMGEBEN ZU SEIN?

Pflanzen inspirieren mich, fördern die Kreativität und die Leidenschaft, sind offen, ehrlich und echt. Für mich bedeuten sie: Leben. Ich schätze mich glücklich, täglich von ihnen umgeben zu sein. Sie helfen mir dabei, mich lebendig, erfüllt und gesund zu fühlen. Ich spüre die Verbindung sofort, sobald ich den Laden betrete. Auch wenn wir nur über eine Pflanze und den perfekten Topf reden, scheint es da eine Energie und eine Verbindung zu geben, wobei das Ganze größer ist als die Summe seiner Teile.

WAS SIND DEINE LIEBLINGSPFLANZEN?

Das ist, als würdest du fragen, wer mein Lieblingskind ist. Ich habe keine Lieblingspflanzen. Ich liebe die Natur und ich liebe Pflanzen. Zu meinen Mitarbeitern sage ich immer: Wenn du eine Pflanze nicht magst, gibt es etwas in dir, vor dem du fliehst oder dem du ausweichst. Mir helfen Pflanzen, bewusster zu leben und mehr über mich zu erfahren. Entscheidend sind auch Dinge wie Umgebung, Licht, Raum und die jeweilige Erwartung an eine Pflanze. Pflanzen sind erstaunliche Lebewesen, und es gibt die ideale Pflanze für jede Umgebung und jede Gelegenheit.

HAST DU EIN PAAR TIPPS FÜR MENSCHEN, DIE GLAUBEN, EINEN SCHWARZEN DAUMEN ZU HABEN?

Ich glaube nicht an den schwarzen Daumen. Meiner Meinung nach kann jeder Mensch eine Beziehung zu seinen Pflanzen aufbauen. Kunden empfehle ich immer, ihre Pflanzen zu beobachten, um Veränderungen wahrzunehmen. Wie Menschen werden auch Pflanzen von Dingen wie Umgebung, Wasser, Licht, Wärme beeinflusst und auch von der Pflege. Deshalb sollte man auf Farbveränderungen oder hängende Blätter reagieren. Und Pflanzen wie ein Familienmitglied behandeln: Blätter abstauben, gießen, düngen – und eine Beziehung aufbauen. Sie sagen genau, was sie brauchen.

ICH GLAUBE NICHT AN DEN SCHWARZEN DAUMEN. MEINER MEINUNG NACH KANN JEDER MENSCH EINE BEZIEHUNG ZU SEINEN PFLANZEN AUFBAUEN.

NEPHROLEPIS EXALTATA

ADIANTUM TENERUM

ADIANTUM RADDIANUM

FARNE

ASPLENIUM BULBIFERUM

CYRTOMIUM FALCATUM

Henri Matisse und ... ähäm ... J.Lo machten sie unsterblich, und die NASA rühmte ihre lufttreinigenden Eigenschaften – Farne dürfen in keiner Pflanzensammlung fehlen. Der ausladende Schwertfarn (Nephrolepis exaltata) weckt vielleicht sogar nostalgische Erinnerungen an das Haus der Oma, während der anmutige, verspielte Frauenhaarfarn (Adiantum raddianum) Ihnen Arbeit machen wird, um die hübsche grüne Mähne wachsen zu sehen.

LICHT

Hell, indirekt

WASSER

Mäßig + besprühen

ERDE

Wasser speichernd

PLATYCERIUM BIFURCATUM

GEWEIHFARN

Der Geweihfarn, elegant und majestätisch wie ein Elch, ist in den Regenwäldern von Neuguinea und an der Küste von Queensland verbreitet. Er zählt zur Familie der Tüpfelfarne und wächst an Baumstämmen hinauf zum Dach des Regenwaldes. Zum Glück fühlt sich dieser Epiphyt auch in einem städtischen Zimmerdschungel wohl. Der Farn braucht einmal pro Woche Wasser und gut durchlässige Erde – Staunässe sollte man unbedingt vermeiden! Geben Sie dem Farn das Licht eines Regenwaldes: ein halbschattiger Platz, der gelegentlich etwas Sonnenlicht abbekommt. Da diese Farne ihren eigenen Kompost produzieren, mögen sie keine Zusatznahrung, erst recht keinen synthetischen Dünger, da dieser zu Verbrennungen führen kann. Manchmal tauchen große bräunliche Flecken unterhalb der Wedel auf – keine Panik, es sind Fortpflanzungssporen und Beleg dafür, dass es der Pflanze gut geht.

LICHT

Hell, indirekt

WASSER

Mäßig bis viel
+ besprühen

ERDE

Wasser speichernd

NEPHROLEPIS EXALTATA

SCHWERTFARN

Dieser Farn, der sich bei den Viktorianern großer Beliebtheit erfreute, ist einer der spektakulärsten Farne und verleiht Ihrem Zuhause eine besondere Note. In einem Hängetopf oder auf einem Pflanzenständer kann die ausladende Pflanze ihre Blätter (Wedel) elegant hängen lassen und sieht richtig beeindruckend aus. Für einen Farn ist dieser hier ziemlich pflegeleicht, auch dank der etwas robusteren Blätter. Dennoch sollte man das Austrocknen der Erde vermeiden und die Pflanze zur Steigerung der Luftfeuchtigkeit, die sie für das Wachstum braucht, regelmäßig besprühen.

LICHT

Hell, indirekt

WASSER

Mäßig bis viel
+ besprühen

ERDE

Wasser speichernd

PTERIS CRETICA
SAUMFARN

Diese Farne haben lange, schmale Blätter und sind besonders entzückend wegen ihrer bo-
genförmigen Stiele, die anmutig aus einem Bett aus Blättern an der Basis der Pflanze heraus-
wachsen. Der Saumfarn zählt zu den pflegeleichteren Farnen und ist wegen seines langsamen
Wachstums die ideale Tischpflanze. Zu feuchte Erde mag er gar nicht, aber wie andere Farne
schätzt er eine etwas höhere Luftfeuchtigkeit.

POLYPODIUM AUREUM
GOLDTÜPFELFARN

Goldtüpfelfarne zeichnen sich durch pelzige »Füße« (Rhizome) an der Basis der Pflanze aus und auch durch Wedel, die breiter sind als die der meisten Artgenossen. Als Farn, der wie etwa der Hasenfußfarn und der Känguru-Farn Rhizome bildet, ist dieses ausladende Geschöpf mit seinen hübschen Blättern schon etwas Besonderes und immer Gesprächsthema Nummer eins. Ihrem Zimmerdschungel verleiht dieser Farn noch mehr Fülle.

FRAUENHAARFARN

Diese Gattung, die weltweit – von Australien bis zu den Anden – in Regenwäldern verbreitet ist, besteht aus mehr als 250 Arten, zu denen auch der Hybrid »Lady Moxam« gehört. Frauenhaarfarne haben leichte, feine Blätter, eine temperamentvolle Grundattitüde und sind nichts für schwache Nerven. Sie wirken edel und sind dementsprechend auch sehr anfällig für Licht-, Temperatur- und Luftfeuchtigkeitsveränderungen. Schon ein leichter Zug kann diesem üppigen Farn sehr schaden. Die richtige Luftfeuchtigkeit ist der Schlüssel zum Erfolg. Badezimmer bieten diesem grandiosen Gewächs die besten Wachstumsbedingungen.

LICHT

Hell, indirekt

WASSER

Viel + besprühen

ERDE

Wasser speichernd

PFLANZENFREUNDE

JANE
WEI

Hairstylistin und Inhaberin von »A Loft Story«

UM MÖGLICHST VIEL GRÜN UM SICH ZU HABEN, VERWENDET JANE IN DEM RIESIGEN RAUM HÄNGEPFLANZEN UND HOHE BÄUME. DIE HIER ABGEBILDETE GROSSE GEIGENFEIGE (FICUS LYRATA) HAT EINEN EHRENPLATZ IN IHREM STUDIO.

ERZÄHLE UNS ETWAS ÜBER DICH: ÜBER DEINEN BACK-
GROUND, DEINE ARBEIT, DIE RÄUME, IN DENEN WIR
DICH FOTOGRAFIEREN.

Seit 14 Jahren arbeite ich hier in Sydney als Hairstylistin. Ich war schon immer gern von Pflanzen und Natur,
Kunst, Kultur, Musik und kreativen Menschen umgeben
(mit gutem Kaffee in Reichweite!). Als ich auf die Suche
ging und schließlich diesen Raum fand, wollte ich all die
Dinge, die mich inspirieren, zusammenbringen. Und so
entstand ein Arbeitsraum, der nicht nur zehn Friseur-
stühle und eine Espressobar beinhaltet, sondern auch
viel Grün (gegenüber liegt außerdem ein schöner Park)
und Kunst an den Wänden. Hier arbeitet ein tolles Team
von Hairstylisten, und wir schätzen uns sehr glücklich,
Teil einer unglaublichen Gemeinschaft zu sein, in der es
vor kreativen, inspirierenden Köpfen nur so wimmelt.

DER RAUM IST UNGLAUBLICH. WIE BIST DU BEI DER
PFLANZENAUSWAHL VORGEGANGEN?

Im Dach befinden sich vier riesige Oberlichter – ideal
für Pflanzen! Meine Sammlung ergänzt den offenen,
extrem hohen Raum wunderbar, genau wie die Möbel,
die ich zusammengetragen habe. Ich spiele gerne mit
Pflanzen mit kontrastierenden Formen. Letztens habe
ich einen fantastischen, zwei Meter breiten Geweihfarn
erworben, der jetzt in vier Metern Höhe auf der Gale-
rie steht, von der man den gesamten Raum überblickt.
Kunden können ihn bewundern, während wir ihre Haare
waschen. Zwischen den Waschbecken stehen Schwert-
farne auf Baumstümpfen, quasi als Raumteiler zwischen
den Plätzen der Kunden und um die Luft zu reinigen,
während Haare getönt werden.

WELCHEN EINFLUSS HABEN DIE PFLANZEN AUF DEN
RAUM UND DEINE ARBEIT?

Ich wollte ursprünglich nur einen Friseursalon mit
einem Minimum an schädlichen Dämpfen haben – und
Pflanzen sind da das richtige »Gegengift«. Sie reinigen
ziemlich effektiv die Luft und inspirieren mich in jeder
Hinsicht. Außerdem tragen sie zu einer entspannten,
ruhigen Atmosphäre bei. Kunden und Besucher lieben
diesen Raum und besonders die Pflanzen.

IM DACH BEFINDEN SICH VIER RIESIGE OBERLICHTER – IDEAL FÜR PFLANZEN! MEINE SAMMLUNG ERGÄNZT DEN OFFENEN, EXTREM HOHEN RAUM WUNDERBAR.

HABEN PFLANZEN SCHON IMMER EINE BEDEUTENDE ROLLE IN DEINEM LEBEN GESPIELT?

»Grün« ist mein zweiter Vorname, das macht also alles Sinn! Seitdem ich eine 240 Quadratmeter große, sonnendurchflutete Halle mit Pflanzen zu bestücken habe, hat sich das Sammeln von Pflanzen zu einer Art Obsession entwickelt. Ich liebe den sonntäglichen Gang zur örtlichen Gärtnerei und halte ständig Ausschau nach weiteren einmaligen Exemplaren! Es ist befriedigend, zu sehen, wie sich ein Blatt entfaltet oder eine Blüte bildet. Jede Pflanze versetzt mich durch ihre Struktur und Individualität in Erstaunen. Für mich gibt es nichts Schöneres, als mich an freien Tagen in die Natur eines Nationalparks, der Berge oder Wälder aufzumachen. Pflanzen sind mein Zen.

WAS SIND DEINE LIEBLINGSPFLANZEN UND WARUM?

Zurzeit bin ich so stolz auf meine 90 Zentimeter große, ausladende Schlangen-Fetthenne. Sie stellt ihre Spitzen wie eine Schlange auf, als wollte sie mir sagen, dass sie das Leben liebt! Mein riesiger Geweihfarn namens »King George« gehört auch dazu. Die Farne verblüffen mich mit ihrer Eleganz und den eigenwilligen Formen. Ich könnte King George stundenlang betrachten. Und dann sind da noch meine Geigenfeigen mit ihren großen grünen Blättern, die sich aus feinen Stielen entfalten. Sie wirken wie anmutige Balletttänzer, schön und kräftig.

SPEKTAKULÄRE PFLANZEN WIE DIE ZAHLREICHEN EFEUTUTEN (EPIPREMNUM AUREUM), DIE EINEN GROSSTEIL DER WEISSEN WÄNDE BEDECKEN, UND EIN ÄLTERER PHILODENDRON »CONGO« (PHILODENDRON CONGO) FÜLLEN DIE EXTREME HÖHE DES RAUMES AUS.

RHAPIS EXCELSA

LIVISTONA CHINENSIS

PALMEN

Diese tropischen Schönheiten lassen einen an im Kolonialstil eingerichtete Räume ver-
gangener Tage denken: Deckenventilatoren, die sich träge in der warmen Luft drehen,
und Blätter, die sich nach allen Seiten recken. In den 1970er-Jahren erlebten Palmen eine
Renaissance und auch heute sind sie wieder en vogue. Von der prachtvollen Kentia-Palme
(Howea forsteriana) bis hin zur pflegeleichten Bergpalme (Chamaedorea elegans): Sie
haben die Qual der Wahl.

ARCHONTOPHOENIX ALEXANDRAE

HOWEA FORSTERIANA

LICHT

Hell, ndirekt

WASSER

Mäßig

ERDE

Gut durchlässig

Die ursprünglich aus China stammende Rhapis ist eine Palme, deren kräftige Stiele mit dunkelbraunen Fasern bedeckt sind. Sie ist eine einfache, pflegeleichte Ergänzung für Ihren Zimmergarten. Trotz des langsamen Wachstums können die fächerförmigen Blätter eine Höhe von drei bis vier Metern erreichen. Allerdings müssen Sie darauf mindestens zehn Jahre warten, wie bei so vielen Zimmerpflanzen – Geduld ist eine Tugend!

RHAPIS EXCELSA
STECKENPALME

LIVISTONA CHINENSIS

CHINESISCHE SCHIRMPALME

Die Chinesische Schirmpalme hat große, fächerförmige hellgrüne Blätter und ist eine prachtvolle, raumgreifende Pflanze. Auch wenn der Name etwas anderes vermuten lässt, ist die Palme auf den japanischen Riukiu-Inseln beheimatet. Sie bevorzugt ein warmes Klima, ist aber im Großen und Ganzen pflegeleicht. Die hübsche Palme gibt jedem Raum, in den Sie sie stellen, das gewisse Etwas. Bekommt Sie helles, indirektes Licht und gut durchlässige Erde, wird sich das elegante Gewächs jahrelang bei Ihnen wohlfühlen.

LICHT

Hell, indirekt

WASSER

Mäßig

ERDE

Gut durchlässig

LICHT

Wenig bis mäßig

WASSER

Wenig bis mäßig

ERDE

Gut durchlässig

HOWEA FORSTERIANA

KENTIA-PALME

Die ursprünglich nur auf der australischen Insel Lord Howe vorkommende Palme wächst sehr langsam und braucht schon ein wenig Pflege. Mit etwas Geduld und der richtigen Einstellung kann sie aber eine Ihrer Lieblingspflanzen werden. Wenn es ans Umtopfen geht, ist diese Palme eine der zickigsten aus der ganzen Palmenfamilie – am liebsten möchte sie in Ruhe gelassen werden. Sollte ein Umtopfen nötig sein, empfiehlt sich ein behutsames Vorgehen, denn die Wurzeln sind sehr empfindlich.

PFLANZENFREUNDE

TESS ROBINSON

Inhaberin und Creative Director von »Smack Bang Designs«

TESS HAT EIN HÄNDCHEN FÜR DAS ARRANGIEREN VON ÄSTHETISCH ANSPRECHENDEN PFLANZENGRUPPEN. MIT
EINEM AUSGEBILDETEN GÄRTNER AN IHRER SEITE GELINGT ES IHR WUNDERBAR, IHRE PFLANZEN IMMER GESUND UND
KRÄFTIG ZU ERHALTEN.

DEIN HERRLICHES STUDIO IST VOLLER PFLANZEN! WIR SIND DAVON ÜBERZEUGT, DASS ZIMMERPFLANZEN RÄUME BEREICHERN. WIE ERGEHT ES DIR BEIM ARBEITEN INMITTEN VON SO VIEL GRÜN?

Obwohl ich ein leidenschaftlicher Pflanzenfan bin, waren wir am Anfang genauso unsicher, ob das mit dem Dschungel in unserem Studio klappen würde, wie in Bezug auf das Arbeiten mit WLAN. Und auch wenn ich jede Woche eine geschlagene Stunde zum Gießen brauche, sind die Pflanzen heute meine Lieblingsobjekte im Studio. Sie bringen Leben in das Büro und einen Hauch von Natur, sodass wir uns ein bisschen so fühlen, als würden wir draußen an der frischen Luft und in der Sonne arbeiten. Beweisen kann ich es zwar nicht, aber ich bin der Überzeugung, dass Pflanzen die Raumenergie verändern und Kreativität, Produktivität und Glück fördern – alles Dinge, die ich tagtäglich in unserem Studio zu kultivieren versuche.

BEI DEM, WAS IHR VON »SMACK BANG« MACHT, GEHT ES IMMER UM KREATIVITÄT. INWIEFERN HABEN DIE PFLANZEN EINEN POSITIVEN EINFLUSS DARAUF?

Ich glaube, dass Pflanzen uns dabei helfen, uns zu entspannen. Und je entspannter wir sind, desto mehr psychische Kapazität haben wir, um kreativ zu sein. Da Menschen und Pflanzen sich parallel entwickelt haben, ist es gut möglich, dass wir irgendwo ganz tief in unserem Unterbewusstsein verankert einen Raum mit Pflanzen als natürlicher und sicherer empfinden als einen ohne.

NACH EIN WENIG INSTAGRAM-STALKING WISSEN WIR, DASS DEIN PARTNER EBENFALLS EIN PFLANZENLIEBHABER IST. WELCHE ROLLE SPIELEN PFLANZEN IN EUREN JEWEILIGEN LEBEN?

Das stimmt. Allerdings ist mein Partner in seiner Obsession noch einen Schritt weitergegangen und hat Pflanzen zu seinem Beruf gemacht. Unser Zuhause ist fest in der Hand von Pflanzen, und oft sitzen wir über Fotos von unseren Pflanzen wie Eltern über Kinderfotos. Albern, ich weiß, aber es macht uns Freude.

ICH GLAUBE, DASS PFLANZEN UNS DABEI HELFEN, UNS ZU ENTSPANNEN. UND JE ENTSPANNTER WIR SIND, DESTO MEHR PSYCHISCHE KAPAZITÄT HABEN WIR, UM KREATIV ZU SEIN.

HAST DU SELBST EINEN GRÜNEN DAUMEN?

Ein bisschen schon … Ich hatte das Glück, durch meinen Freund, der Gärtner und ausgewiesener Pflanzenflüsterer ist, einen gewissen Vorteil zu haben! Wenn mein Daumen mal versagt, schnappe ich mir reumütig die Pflanze, bringe sie nach Hause und gönne ihr ein wenig Erholung in Byrons Pflanzenklinik. Seitdem wir zusammen sind und die Arbeit für »Urban Growers« begonnen haben, habe ich unglaublich viel über Pflanzenpflege gelernt. So viel, dass ich selbst manchmal staune, welche Empfehlungen ich meinen Freunden gebe!

WAS SIND DEINE LIEBLINGSZIMMERPFLANZEN?

Das wechselt von Tag zu Tag! Ich bin ein großer Fan von majestätischen, eindrucksvollen Pflanzen und schön geformten Blättern. Zurzeit liebe ich meine Helikonien (Heliconia), Schirmpalmen (Livistona) und das Elefantenohr (Colocasia) besonders.

WELCHE TIPPS KANNST DU FÜR PFLANZEN IN ARBEITS-RÄUMEN UND DEREN PFLEGE GEBEN?

1. Stellen Sie Pflanzen immer in Fensternähe oder unter Oberlichtern auf. Das fördert das Wachstum und sieht gut aus.
2. Gönnen Sie Ihren Pflanzen hin und wieder mal eine Regendusche – das tut ihnen genauso gut wie uns nach einem dreitägigen Festival!
3. Stehen die Pflanzen 365 Tage lang in einem klimatisierten Raum, sollten sie regelmäßig – zum Beispiel einmal wöchentlich – mit Wasser besprüht werden. Das erhöht nicht nur die Luftfeuchtigkeit, sondern hält die Blätter gesund und Schädlinge fern.
4. Topfen Sie Pflanzen alle ein bis zwei Jahre um und verwenden Sie nur hochwertige Pflanzenerde. So erhalten Ihre Pflanzen die Nährstoffe, die sie benötigen, und die Bewässerung bleibt optimal.
5. Vermeiden Sie Überwässerung! Die häufigste Ursache für das Absterben von Zimmerpflanzen ist zu viel Wasser. Gießen Sie erst, wenn die obere Erdschicht vollkommen trocken ist.
6. Wir geben unseren Pflanzen ab und zu etwas stickstoffbasierten Dünger – so bleiben sie gesund, kräftig und schön grün.
7. Flüstern Sie Ihren Pflanzen mindestens einmal pro Woche Nettigkeiten zu.

^ GROSSE FENSTER SIND IDEAL FÜR PFLANZEN WIE DIESE BAUM-STRELITZIE (STRELITZIA NICOLAI), DIE VIEL LICHT BRAUCHT. PFLANZEN IN BÜRORÄUMEN STEIGERN ERWIESENERMASSEN DIE PRODUKTIVITÄT UND WIRKEN BERUHIGEND.

^ PFLANZEN WIE DIE SANSEVIERIA TRIFASCIATA FÜLLEN DIESE HELLE ECKE WUNDERBAR UND SIND AUCH IN KONFERENZZIMMERN EIN BLICKFANG. ❯ DIE ERBSENPFLANZE (SENECIO ROWLEYANUS) WUCHERT AUF DEM MIT SUKKULENTEN BESTÜCKTEN BALKON EINFACH VOR SICH HIN.

PHILODENDRON SELLOUM

PHILODENDRON BIPINNATIFIDUM

PHILODENDRON »ROJO CONGO«

PHILODENDRON CORDATUM

PHILODENDRON »XANADU«

PHILODENDRON ERUBESCENS

PHILODENDREN

Philodendren sehen hübsch aus und sind sehr artenreich. Manche verströmen ein elegant-feminines Flair wie etwa der kletternde Herzblättrige Philodendron (Philodendron cordatum) und der blühende Baumfreund (Philodendron erubescens), andere sind eher spitzblättrig und auffallend geformt wie der »Xanadu«. Diese robusten, pflegeleichten Pflanzen sind die stillen Helden vieler Pflanzengruppen, ihnen kann auch der schwärzeste Daumen nichts anhaben.

PHILODENDRON CORDATUM

HERZBLÄTTRIGER PHILODENDRON

Diese hübsche, pflegeleichte Grünpflanze wird wegen der herzförmigen Blätter, die sich am liebsten von einem Regal oder Pflanzenständer Richtung Boden ranken, Herzblättriger Philodendron genannt. Gründe, ihn zu mögen, gibt es viele. Lassen Sie ihn ranken oder mithilfe von kleinen Haken eine Wand hochklettern. Oder geben Sie ihm mithilfe der Pinzier-Technik mehr Fülle. Dabei trennen Sie einen Blattansatz mit Ihren Fingernägeln oder einer scharfen Haushalts- bzw. Gartenschere ab, damit dort ein neuer Trieb wachsen kann. Werfen Sie die Blattansätze jedoch nicht weg. In etwas Wasser bilden sie schnell Wurzeln und so können Sie Ihre Sammlung bald um weitere herzblättrige Schönheiten ergänzen.

PHILODENDRON »ROJO CONGO«

PHILODENDRON CONGO RED

Einsteiger, aufgepasst! Der Philodendron Congo Red ist hart im Nehmen und somit eine tolle Einsteigerpflanze. Junge Blätter sind tiefrot und glänzend und wachsen zu großen grünen Blättern heran. Als schöne Pflanze mittlerer Größe ist der Congo Red für fast jeden Raum geeignet und bringt Farbe in das bereits bestehende Grün. Diese neuere, nicht kletternde Philodendronart zählt auch zu den luftreinigenden Pflanzen. Also der perfekte Mitbewohner!

XANADU

Wer bei diesem Retro-Philodendron nicht sofort an den gleichnamigen Ohrwurm von Olivia Newton-John denkt, kann sich glücklich schätzen! Als nicht kletternder Philodendron (siehe links) wird der »Xanadu« breiter als hoch und ist ideal für einen größeren offenen Platz. Wie bei den meisten anderen Philodendren sollte man Haustiere von ihm fernhalten, da die Blätter leicht giftig sind.

LICHT

Hell, indirekt

WASSER

Mäßig

ERDE

Gut durchlässig

FICUS ELASTICA

FICUS LONGIFOLIA

FICUS LYRATA

FEIGEN

Dies ist zweifellos die angesagteste aller Blattpflanzenfamilien – vom glänzenden, markanten Gummibaum (Ficus elastica) bis hin zur kurvenreichen Retro-Geigenfeige (Ficus lyrata). Sie sind ebenso schön wie beliebt, doch sie haben noch mehr Qualitäten. Im Ökosystem zahlreicher Regenwälder kommt der Feige eine zentrale Rolle zu – und in Ihrer Zimmerpflanzensammlung auch.

FICUS LYRATA

GEIGENFEIGE

Als Supermodel der Pflanzenwelt ist die hübsche Geigenfeige allseits beliebt. Mit ihren gewellten, gro-ßen Blättern, die von der Form her an eine Geige erinnern, wirkt sie wunderbar retro und macht sich auch in kleinen Räumen sehr gut. Zum Nulltarif gibt es das hübsche Erscheinungsbild allerdings nicht, denn die Geigenfeige ist eine heikle Diva! Sie stellt hohe Ansprüche an Lichtverhältnisse, mag aber keine direkte Sonne, da die Blätter empfindlich sind. Wasser benötigt sie etwa einmal pro Woche, aber erst, wenn die obere Erdschicht (5 cm) vollkommen trocken ist. Da die Pflanze gerne zum Licht hin wächst, empfiehlt es sich, sie regelmäßig zu drehen, damit sie sich gleichmäßig entwickelt.

LICHT

Hell, indirekt

WASSER

Mäßig

ERDE

Gut durchlässig

LICHT

Hell, indirekt

WASSER

Mäßig

ERDE

Gut durchlässig

FICUS LONGIFOLIA

LANG-BLÄTTRIGE FEIGE

Die große Beliebtheit der Geigenfeige hat dazu geführt, dass einige andere, eher ungewöhnliche, aber interessante Mitglieder der Feigenfamilie zuweilen übersehen werden. Deshalb wird es Zeit, die Langblättrige Feige mit ihren langen, dünnen Blättern (ähnlich denen des australischen Eukalyptus) und ihrer robusten Art ins Scheinwerferlicht zu rücken. Wer gerade auf der Suche nach einem eindrucksvollen Blickfang für einen offenen Raum ist, ist mit ihr fündig geworden. Nicht vergessen: Der Tipp kam von uns!

LICHT
Hell, indirekt

WASSER
Wenig bis mäßig

ERDE
Gut durchlässig

FICUS ELASTICA

GUMMIBAUM

Die robusten, glänzenden Blätter und die Fähig-keit, sehr hübsch und groß zu werden, machen den Gummibaum zu einem wahren Musterkna-ben. Er sieht nicht nur gut aus, sondern ist auch eine tolle Hilfe. Denn dank der großen Blätter zählt der Gummibaum zu jenen Pflanzen, die die Raumluft besonders gut von ungesunden Stoffen befreien können. Anspruchslos ist er außerdem, und sogar etwas Missachtung nimmt er einem nicht übel. Er begnügt sich mit hellem, indirektem Licht und einmal wöchentlich einer Wassergabe.

Es gibt auch einige bunte Varietäten mit etwas mehr Mustern und Texturen, etwa »Tineke« und »Lemon Lime«. Allerdings sollte man bedenken, dass diese Färbung nur dann erhalten bleibt, wenn man den etwas höheren Lichtansprüchen gerecht wird.

PFLANZENFREUNDE

RICHARD UNSWORTH

Landschaftsarchitekt & Gründer von »Garden Life«

RICHARD HAT EINE GROSSARTIGE FICUS-SAMMLUNG. OB DIE RIESIGE LANGBLÄTTRIGE FEIGE (FICUS LONGIFOLIA, SIEHE S. 151) ODER DIE HIER ABGEBILDETE IMPOSANTE GEIGENFEIGE (FICUS LYRATA, SIEHE S. 142): ER WEISS GENAU, WIE PFLANZEN GESUND UND GLÜCKLICH BLEIBEN.

ERZÄHLE UNS ETWAS ÜBER DICH: ÜBER DEINEN BACK-GROUND, DEINE ARBEIT, DIE RÄUME, IN DENEN WIR DICH FOTOGRAFIEREN.

Unser Laden wird von Menschen besucht, die alles, was mit Garten und Pflanzen zu tun hat, lieben. Neben Landschaftsarchitekten sind wir auch Sammler: Wir haben eine große Auswahl an Töpfen und Gefäßen aus der ganzen Welt zusammengetragen, sowohl für drinnen als auch für draußen, die wir in unserem riesigen Lager anbieten. Das hier ist unsere dritte Location und wir sind hier seit zwei Jahren. Da wir viel Platz haben, können wir verschiedene Stilrichtungen und Themen präsentieren. Besucher können sich umschauen, einen Kaffee trinken und alles aufsaugen.

ZIMMERPFLANZEN SIND WIEDER ABSOLUT IN. WIE LÄSST SICH DIESE RENAISSANCE DEINER MEINUNG NACH ERKLÄREN?

Ich glaube, dass viele Menschen auf der Suche sind nach Sicherheit und Naturverbundenheit, da das Leben in den Städten immer hektischer wird und wir uns immer mehr von unseren Wurzeln entfernen. Die Pflege und Kultivierung von Zimmerpflanzen ist erfüllend und hat auch gesundheitliche Vorteile, denn Pflanzen reichern die Luft zum Beispiel mit Sauerstoff an! Wie kann man eine Zimmerpflanze also nicht mögen?

IHR REIST UM DIE GANZE WELT, UM FANTASTISCHE TÖPFE FÜR PFLANZEN EINZUKAUFEN. ERZÄHLE UNS DAVON UND AUCH DAVON, WIE WICHTIG ES IST, DAS RICHTIGE GEFÄSS FÜR EINE PFLANZE ZU FINDEN (AUS FUNKTIONALER WIE ÄSTHETISCHER SICHT).

Es stimmt, wir reisen viel, um einmalige, originelle Stücke aufzustöbern – meine Lieblingsbeschäftigung seit vielen Jahren. Ich entwerfe, entwickle und beschaffe Dinge, die ich mag, in der Hoffnung, dass auch andere Menschen sie schätzen. Ob ein alter Übertopf aus der Türkei, ein Messinggefäß aus Indien oder ein einfacher, von Hand gefertigter Terrakottatopf aus Marokko – ich bevorzuge Gefäße mit Vergangenheit, mit einer Geschichte oder einer ausgeprägten Identität.

ICH GLAUBE, DASS VIELE MENSCHEN AUF DER SUCHE SIND NACH SICHERHEIT UND NATURVERBUNDENHEIT, DA DAS LEBEN IN DEN STÄDTEN IMMER HEKTISCHER WIRD.

DU HILFST ANDEREN MENSCHEN DABEI, IHRE INNEN- UND AUSSENRÄUME MIT PFLANZEN ZU GESTALTEN. DÜRFEN WIR ANNEHMEN, DASS AUCH DEINE RÄUME VOLLER GRÜN SIND?

Lustigerweise besitze ich nur eine einzige Zimmerpflanze – einen großen silberfarbenen Bogenhanf im Badezimmer. Dafür ist mein Garten voller Pflanzen! Ich schneide oft Blätter ab, um sie innen in Vasen zu stellen. Bei der Arbeit habe ich genug Pflanzen, finde ich.

GEIGENFEIGEN (FICUS LYRATA) SIEHT MAN DERZEIT ÜBERALL. MAL EHRLICH: BIST DU NICHT AUCH ET-WAS FEIGENMÜDE? GIBT ES DA VIELLEICHT EIN PAAR UNTERSCHÄTZTE ALTERNATIVEN, DIE DU EMPFEHLEN KANNST?

Feigenmüde, das gefällt mir. Es sind großartige Pflanzen, aber es wird in der Tat Zeit, ein paar Cousinen in den Blickpunkt zu rücken: wie etwa den Gummibaum (Ficus elastica) oder die Langblättrige Feige (Ficus longifolia) – beide entwickeln sich zu Zimmerbäumen, wenn man sie lässt.

WAS SIND DIE GÄNGIGSTEN FEHLER BEI ZIMMER-PFLANZEN? UND WAS EMPFIEHLST DU FÜR GESUNDE UND GLÜCKLICHE PFLANZEN?

Zuerst gilt es, die richtige Pflanze für den anvisierten Platz zu wählen – Licht und Wasser sind da entscheidend. Für einen sehr dunklen Platz braucht man eine Pflanze, die das verträgt. Man muss auch wissen, wie viel Wasser eine Pflanze benötigt. Ich rate oft dazu, Pflanzen draußen eine Regendusche zu gönnen und sie zwischen den Wassergaben austrocknen zu lassen. Meine stelle ich immer unter die Dusche, sie lieben das.

WELCHES IST DEINE LIEBLINGSZIMMERPFLANZE UND WARUM?

Die Langblättrige Feige (Ficus longifolia) ist so ein schlanker, zarter Zimmerbaum, und ich liebe es, zu sehen, wie sie sich den Lichtverhältnissen anpasst und entsprechend wächst. Ein weiterer Liebling ist die klassische Schusterpalme (Aspidistra). Ein üppiges, gesundes Exemplar in einem Messingtopf sieht einfach sensationell aus.

RICHARD SAMMELT TOLLE TÖPFE UND GEFÄSSE AUS ALLER HERREN LÄNDER. AUS DER TÜRKEI UND INDIEN KOMMEN DIESE BESONDERS SCHÖNEN, GROSSEN MESSING- UND KUPFERTÖPFE – EINIGE WURDEN EINST FÜR DIE KANDISHERSTELLUNG VERWENDET.

PEPEROMIA OBTUSIFOLIA

PEPEROMIA CAPERATA

PEPEROMIA SCANDENS »VARIEGATA«

PEPEROMIA ARGYREIA

PEPEROMIEN

Hübsch und klein: Peperomien, auch Zwerg- oder Zierpfeffer genannt, sind zwar nicht die größten Mitglieder Ihrer Pflanzensammlung, aber das, was ihnen an Größe fehlt, machen sie mit ihren herrlichen Blättern wieder wett. Obwohl sie sehr unterschiedlich aussehen, begeistern alle mit fleischigen, dekorativen Blättern. Ob die unwiderstehliche Wassermelonen-Peperomie, die einen von Sommercocktails träumen lässt, oder die entzückende Peperomia scandens »Variegata«: Es ist Zeit, auf den Zwergpfeffer-Zug aufzuspringen.

PEPEROMIA SCANDENS

PEPEROMIA SCANDENS »VARIEGATA«

Mit ihren herzförmigen, grün- und elfenbeinfarbenen Blättern bringt dieser rankende fröhliche Bursche Peperomia-Leben in Ihr Wohnzimmer. Diese unkomplizierte Zwergpfefferart wird Ihr Herz erobern und macht sich ausgezeichnet auf Pflanzenständern oder Regalbrettern, denen etwas Farbe guttut. Wie die meisten Menschen schätzt auch diese Pflanze einen regelmäßigen maßvollen Drink und einen hellen Platz ohne direkte Sonneneinstrahlung.

LICHT
Hell, indirekt

WASSER
Mäßig

ERDE
Gut durchlässig

LICHT

Wenig bis mäßig

WASSER

Wenig bis mäßig

ERDE

Gut durchlässig

PEPEROMIA CAPERATA
ZWERGPFEFFER

Die im brasilianischen Regenwald beheimatete Zwergpfefferart hat stark gewellte grüne Blätter. Die pflegeleichte Schönheit ist ziemlich robust und verträgt Kunstlicht, was sie zu einer idealen Zimmerpflanze macht. Da sie anfällig ist für Wurzelfäule, sollte die Erde zwar leicht feucht, aber auch gut durchlässig sein. Etwas verdünnter Dünger in den warmen Monaten sorgt dafür, dass die Pflanze immer toll aussieht.

LICHT

Hell, indirekt

WASSER

Mäßig + besprühen

ERDE

Gut durchlässig

Bei dieser Peperomie dreht sich alles um das Blattwerk – und es ist leicht zu erkennen, woher der Trivialname dieser wunderbaren Pflanze stammt. Die dicken, fleischigen Blätter erinnern an die Schale der Wassermelone und können im Vergleich zur Gesamtgröße der Pflanze einen erstaunlichen Umfang erreichen. Gut möglich, dass sie nicht auf Anhieb die richtige Wasserdosierung und den passenden Standort für diesen Blickfang finden. Experimentieren Sie und beobachten Sie die Pflanze so lange, bis Sie ihre Bedürfnisse kennen. Seien Sie geduldig – es lohnt sich.

PEPEROMIA ARGYREIA

WASSERMELONEN-PEPEROMIE

BEGONIA MASONIANA

BEGONIA SYLVIA

BEGONIA »BLACK COFFEE«

BEGONIA MACULATA

BEGONIA REX

BEGONIEN

Mit ihren grandiosen Blättern sorgen Begonien in Ihrer Pflanzensammlung für gute Laune und Freude. Meist werden sie wegen der schönen Blätter gekauft, wobei einige auch wunderbare Blüten ausbilden. Höchste Zeit, Bekanntschaft mit dieser bildhübschen, charmanten und pflegeleichten Pflanzenfamilie zu machen.

BEGONIA MACULATA »WIGHTII«

FORELLENBEGONIE

Diese (Hybrid-)Begonie mit Engelsflügeln ist mit ihren markanten hellen Flecken und den eleganten weißen Blüten eine fröhliche Ergänzung für Ihren Zimmerdschungel. Die rohrähnlichen Stiele wachsen ziemlich aufrecht, breiten sich aber auch seitlich aus, sodass die Pflanze sich nicht nur für einen Hängetopf eignet, sondern auch auf dem Tisch eine gute Figur macht. Die Forellenbegonie zählt zu den beliebtesten Begonien und ist bekannt für ihre Robustheit (und Schönheit) – die ideale Zimmerpflanze.

LICHT

Hell, indirekt

WASSER

Mäßig

ERDE

Gut durchlässig

LICHT	**WASSER**	**ERDE**
Hell, indirekt	Mäßig	Gut durchlässig

BEGONIA REX
KÖNIGSBEGONIE

Diese manchmal auch Blattbegonie genannte Begonienart hat besonders auffallende Blätter. Und die sind auch der Grund dafür, dass sie kultiviert wird – die Blüten sind nur klein und wenig imposant. Diese Farbvariante der Begonie (es gibt allerdings Hunderte davon) bildet Rhizome, fleischige, waagerechte Wurzelstöcke knapp unterhalb der Erdoberfläche. Die Königsbegonie mag zwar feuchte Erde, jedoch keine feuchten Blätter. Besprühen kann Mehltau auslösen und die schönen Blätter ruinieren. Diese Begonie macht sich gut in einer Gruppe mit anderen Feuchtigkeit liebenden Pflanzen, aber auch solitär auf einem mit Kieselsteinen gefüllten Untersetzer.

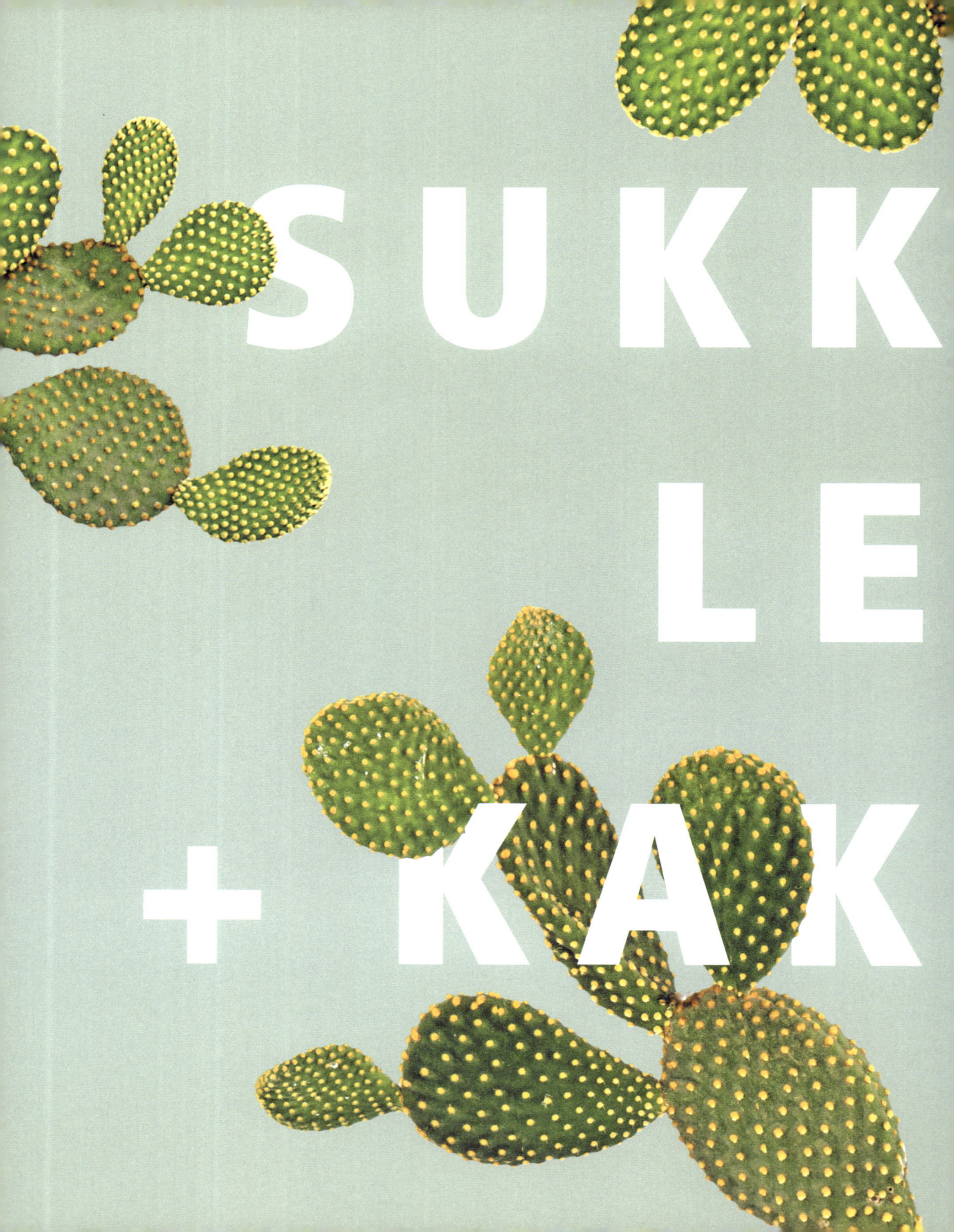

SUKK
LE
+ KAK

U –
NTEN
TEEN

Als Sukkulenten werden jene Pflanzen bezeichnet, die Wasser in ihren Blättern und Stielen einlagern können, sodass sie auch längere Trockenperioden schadlos überstehen. Diese Familie, zu der auch Kakteen und Euphorbia (Wolfsmilch) zählen, umfasst viele verschiedene und interessante Zimmerpflanzen. Mit ihrem oft ungewöhnlichen Aussehen eignen sich die in Wüsten- bzw. Regenwaldregionen – von Madagaskar bis nach Mexiko – verbreiteten Pflanzen hervorragend dazu, Räumen eine ganz besondere Note zu verleihen. Diese faszinierenden »Einwanderer« passen sich erstaunlich gut an unser Stadtleben an und gedeihen, wenn die Bedingungen stimmen, mit minimalem Aufwand.

Mit ihren markanten, fleischigen Blättern – und manchmal auch hübschen Blüten – sind Sukkulenten eine tolle Wahl für helle Räume. Ob elegante Agave americana oder üppige Schlangen-Fetthenne (Sedum morganianum): Diese anspruchslosen Pflanzen bereichern Ihre Sammlung und verleihen ihr ein vielfältiges Erscheinungsbild. Für Einsteiger und Personen, die es mit dem Gießen nicht immer sehr genau nehmen, sind sie die richtige Basis einer Pflanzensammlung. Und dank der vielen Varietäten sollte es kein Problem sein, die richtige Pflanze zu finden.

DIESE FASZINIERENDEN »EINWANDERER« PASSEN SICH ERSTAUNLICH GUT AN UNSER STADTLEBEN AN UND GEDEIHEN, WENN DIE BEDINGUNGEN STIMMEN, MIT MINIMALEM AUFWAND.

Von anderen Sukkulenten unterscheiden sich Kakteen durch die kleinen Polster, die sogenannten Areolen, aus denen Stacheln bzw. Dornen oder Haare wachsen. Die Dornen, welche die Pflanze in ihrer natürlichen Umgebung vor Angreifern schützen sollen, können bei allzu neugierigen Begutachtern zu schmerzhaften Kontakten führen. Deshalb Vorsicht beim Umgang mit diesen stacheligen Geschöpfen! Während viele beim Begriff »Kaktus« an den Saguaro-Kaktus (Carnegiea gigantea) denken, der majestätisch aus der Wüstenlandschaft emporragt, ist weniger bekannt, dass zahlreiche Arten im Regenwald beheimatet sind. Es gibt also zwei verschiedene Gruppen mit ganz unterschiedlichen Ansprüchen an Wasser und Licht.

Wüstenkakteen sind deutlich größer als ihre Regenwald-Pendants. Erstere sind Sonnenanbeter, mögen es heiß und trocken und gedeihen in Räumen am besten an den hellsten Plätzen – fensternah oder besser noch auf einer sonnigen Fensterbank. Die Fähigkeit, Wasser einzulagern, erklärt das zwiebel- bzw. säulenförmige Aussehen vieler Wüstenkakteen, zu denen auch bekannte Arten wie der Goldkugelkaktus (Echinocactus grusonii) und der Warzenkaktus Mammillaria bocasana gehören.

Wie der Name erahnen lässt, sind Regenwaldkakteen in den Regenwäldern Zentralamerikas und Südostasiens verbreitet. Diese zumeist als Epiphyten (Aufsitzerpflanzen) auftretenden Kakteen wachsen oft von den Baumkronen im Regenwald herab oder von Felsen, wo sie sich mit Nährstoffen aus Regenwasser und benachbarten toten Pflanzen, inklusive des eigenen toten Gewebes, versorgen. Sie bevorzugen hellen Halbschatten, aber keine direkte Sonne, die zu Verbrennungen an den langen Stielen und Trieben führen kann. Zu den bekanntesten Regenwaldkakteen, deren Dornen manchmal nur sehr unauffällig sind, zählen Rhipsalis und Selenicereus anthonyanus.

PFLANZENFREUNDE

CARLY
BUTEUX

Keramikerin und Gründerin von »Public Holiday«

VOM KÖSTLICHEN FENSTERBLATT (MONSTERA DELICIOSA) BIS ZU EINER ÜPPIGEN SAMMLUNG VON SUKKULENTEN UND KAKTEEN: JEDE ECKE IN DIESEM UNGEWÖHNLICHEN ZUHAUSE IST VOLL MIT PFLANZEN. VIELE STEHEN IN VON CARLY HANDGEFERTIGTEN KERAMIKTÖPFEN

ERZÄHLE UNS ETWAS ÜBER DICH: ÜBER DEINEN BACK-
GROUND, DEINE ARBEIT, DIE RÄUME, IN DENEN WIR
DICH FOTOGRAFIEREN.

Als Einfraubetrieb stelle ich derzeit funktionelle Keramik
wie Becher, Tassen und Blumentöpfe her. Diese beiden
Hände sind an jedem Abschnitt im Herstellungsprozess
beteiligt – vom Ankurbeln der Scheibe bis zum Anbrin-
gen von Mustern und Glasuren. Ich bin in der glücklichen
Lage, mein Atelier zu Hause zu haben. Dort fertige ich
meine Werke an und verbringe meine Freizeit mit meinem Partner Joe und unserem kleinen Dackel Bam. Wir
leben in einem alten Eckladen, einer einstigen Metzge-
rei (wie unsere lieben alten Nachbarn erzählt haben).
Ein einfaches, ungewöhnliches Haus mit Betonboden
und glatten weißen Wänden – ideal, um es mit meinen
Lieblingspflanzen und Handgefertigtem zu füllen. Unsere
langjährige Freundin (und berühmte Künstlerin) Georgia
Hill hat auf der Außenwand ein riesiges Wandgemälde
erstellt, was unser Haus einzigartig macht.

WELCHEN EINFLUSS HABEN PFLANZEN AUF DEINE
KREATIVE ARBEIT UND PRODUKTIVITÄT?

Pflanzen können die Produktivität ebenso steigern
wie hemmen. Wer sich mit Grün umgibt, schafft einen
gemütlichen, kreativen Arbeitsplatz, was die Tage im
Atelier länger, aber auch angenehmer macht. Andererseits verführen Pflanzen dazu, nach ihnen zu sehen,
sie umzutopfen, zu vermehren – eine tolle Ablenkung,
wenn man etwas unruhig ist.

VIELE DEINER WERKE SIND BLUMENTÖPFE. ERZÄHLST
DU UNS ETWAS ÜBER DEINEN BERUF ALS KERAMIKE-
RIN UND WAS PFLANZEN DA FÜR EINE ROLLE SPIELEN?

Bei meiner Arbeit als Keramikerin waren Pflanzen
schon immer wichtig, und einer der Gründe dafür, dass
ich diesen Beruf ergriffen habe, war der Wunsch, meinen Pflanzen ein Zuhause zu geben. Es ist etwas ganz
Besonderes, ein Zuhause für ein Lebewesen zu schaffen
und zu sehen, wie es darin wächst und seine Form verändert. Ich liebe es, zu beobachten, welche Kombina-
tion unsere Kunden auswählen, wenn sie einen Topf für
ihre Pflanze aussuchen. Einfach faszinierend!

^ EINE LEITER FÜHRT ZU EINEM VON EINEM FREUND AUS EINEM ALTEN GERÜST GEBAUTEN HOCHBETT, DAS AUCH ALS PFLANZENSTÄNDER DIENT. ‹ REGALE VOLLER KERAMIKEN, DIE CARLY IN IHREM ATELIER ZU HAUSE ANGEFERTIGT HAT – OBEN RECHTS DAS OBLIGATORISCHE GRÜN.

IN UNSERER DURCH-
GETAKTETEN DIGITALEN
WELT IST GARTENAR-
BEIT ODER DIE PFLEGE
VON ZIMMERPFLANZEN
DIE IDEALE ART, UM
SICH MIT DER NATUR
ZU VERBINDEN.

IN DEINEM HAUS UND ATELIER GIBT ES ÜBERALL PFLAN-
ZEN. WELCHEN EINFLUSS HABEN SIE DEINER MEINUNG
NACH AUF UNSERE RÄUME UND UNSER LEBEN?

Pflanzen machen uns glücklich – und ich glaube fest
daran, dass sie nicht nur eine beruhigende Wirkung haben und die Luft in unseren Räumen reinigen, sondern
auch unser Leben entschleunigen. In unserer durchge-
takteten digitalen Welt ist Gartenarbeit oder die Pflege
von Zimmerpflanzen die ideale Art, um sich mit der Natur zu verbinden. Pflanzen bieten uns die Chance, ein
friedvolles Leben zu pflegen und zu leben.

WAS LIEBST DU AN DEINEN ZIMMERPFLANZEN AM
MEISTEN?

Pflanzen sind in unserem Haus sehr wichtig. Um ehrlich zu sein, sind wir davon besessen! Ständig kommen
mehr dazu und müssen neue Behälter für all die Pflanzen
hergestellt werden. Wenn wir unsere Pflanzen arrangieren, bietet dies nicht nur die Möglichkeit, meine Lieb-
lingstöpfe zu verwenden. Da gibt es einige, von denen
ich mich nicht trennen kann! Es erlaubt uns auch, den
Platz drumherum mit handgefertigten Schätzen interna-
tionaler Künstler, die wir gekauft haben und hier vertrei-
ben, zu füllen.

WIE HÄLTST DU DEINE PFLANZEN GLÜCKLICH UND GE-
SUND?

Da wir von unseren Pflanzen umgeben sind, ist es einfach, ein Auge auf sie zu haben. Morgens setzen wir uns
erst mit unserem Kaffee in die Sonne und legen unsere
Lieblingsmusik auf – das ist die beste Zeit, um nach den
Pflanzen zu sehen und festzustellen, ob sie Wasser oder
einen Urlaub im sonnigen Hinterhof brauchen.

WAS SIND DEINE LIEBLINGSPFLANZEN UND WARUM?

Schwierige Frage! Wie soll ich denn eine Lieblingspflanze
auswählen? Sie sind alle einmalig! Ich finde unsere Kakte-
ensammlung toll oder auch all die Rhipsalis-Gewächse mit
ihren langen Hängearmen. Ich habe viel Zeit in ein kleines
Schiefes Fensterblatt (Monstera obliqua) investiert, das mir
der Gärtner Thomas Denning völlig unerwartet geschenkt
hat. Es bedeutet mir sehr viel, und ich versuche ständig, die
Lebensbedingungen der Pflanze zu verbessern.

IN DIESEM STADTHAUS LEBEN BLATTPFLANZEN, SUKKULENTEN UND KAKTEEN WUNDERBAR MIT BÜCHERN UND FAHRRÄDERN ZUSAMMEN. ‹ CARLYS UMFANGREICHE SUKKULENTENSAMMLUNG GENIESST DIE SONNENSTRAHLEN IM HINTERHOF.

SANSEVIERIA »MOONLIGHT«

AGAVE AMERICANA

KALANCHOE

GASTERIA

SUKKULENTEN

EUPHORBIA TRIGONA

SEDUM

GRAPTOVERIA

Von der exzentrischen Dreikantigen Wolfsmilch (Euphorbia trigona) bis hin zum eleganten Bogenhanf (Sansevieria trifasciata): Diese Pflanzengruppe ist sehr variantenreich und anpassungsfähig. Mit ihren fleischigen, Wasser einlagernden Blättern und den ungewöhnlichen Formen sehen diese Gewächse nicht nur gut aus, sie sind auch noch pflegeleicht. Viele lassen sich problemlos vermehren und gedeihen üppig, wenn die Bedingungen stimmen – die perfekte Wahl für den sparsamen Zimmergärtner.

LICHT

Hell, indirekt

WASSER

Wenig

ERDE

Gut durchlässig

CEROPEGIA WOODII
LEUCHTERBLUME

Mit ihren zarten, an feinen Strängen wachsenden Blättern berührt die Leuchterblume unser tiefstes Inneres. Die langen Ketten mit herzförmigen Blättern und hübschen lila Blüten sehen vor allem toll aus, wenn sie aus einem Hängetopf oder von einem Regal nach unten wachsen. Bei hellem, indirektem Licht und wenig Wasser (einmal gießen in zwei Wochen genügt) schlagen die kleinen Herzchen auch weiterhin kräftig. Eine weniger bunte Variante ist die hübsche Schwester dieser Sukkulente.

AGAVE AMERICANA
HUNDERTJÄHRIGE AGAVE

Wenn Sie die Schönheit ausgefallener Pflanzen schätzen, jedoch nicht viel Zeit haben, sich um sie zu kümmern, dann ist eine Agave das Richtige für Sie. Agaven gibt es in unzähligen verschiedenen Formen, Größen, Farben und Texturen – so bleibt Ihnen die Qual der Wahl. Es sind sehr nützliche Pflanzen, denn sie werden unter anderem zur Herstellung von Zucker und Tequila verwendet. Ursprünglich stammt die Agave americana aus den USA und Mexiko, aber trotz ihres Namens wird sie normalerweise nur 20 bis 30 Jahre alt. Noch ein Hinweis: Die Pflanze kann sehr scharfe Stacheln haben und einen Saft absondern, der zu Hautausschlag führen kann – also kleine Kinder und Haustiere besser fernhalten.

LICHT
Hell, direkt

WASSER
Wenig

ERDE
Gut durchlässig

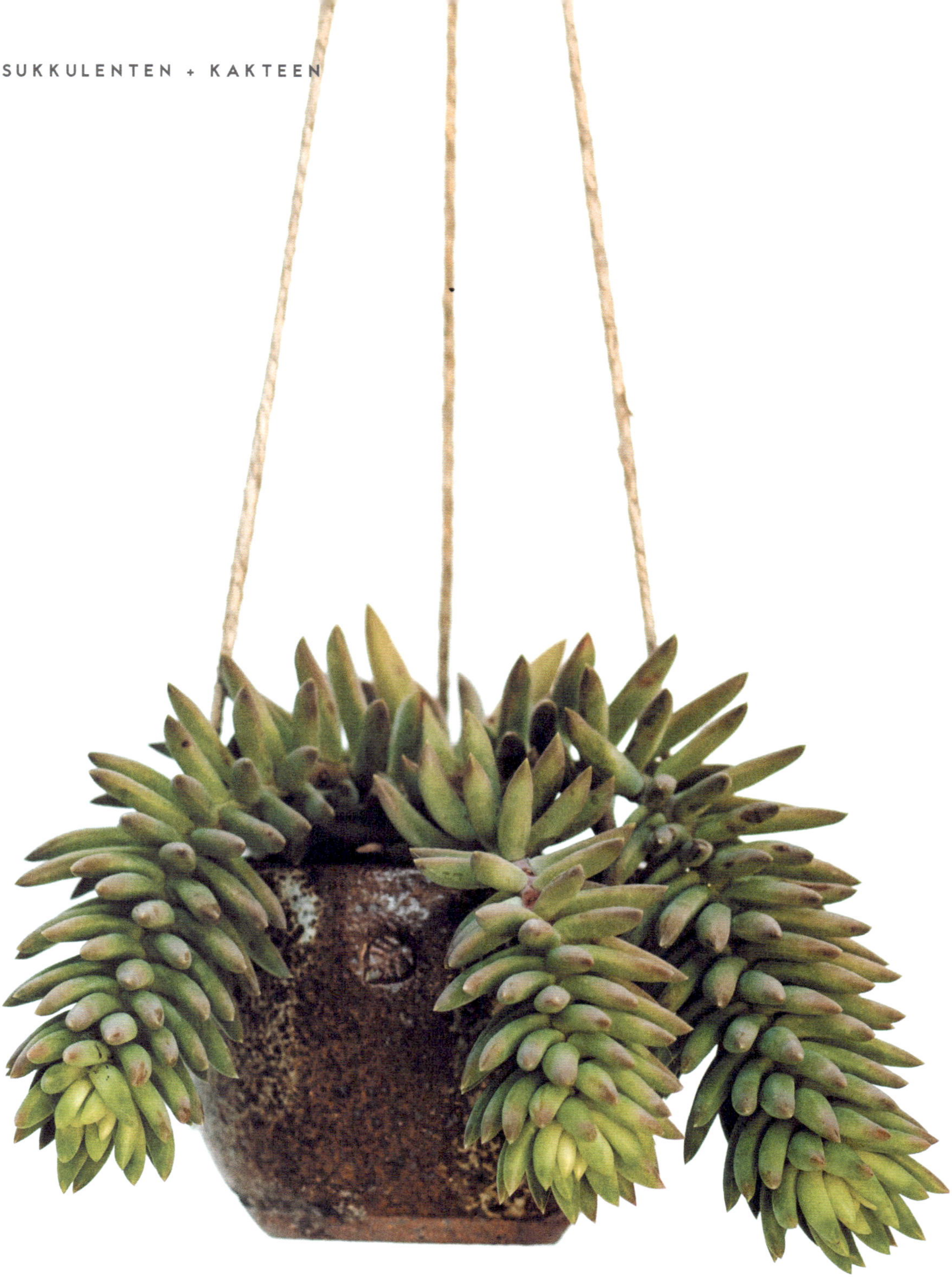

LICHT

Hell, direkt

WASSER

Wenig

ERDE

Gut durchlässig

SEDUM MORGANIANUM
SCHLANGEN-FETTHENNE

Inspiriert von den langen, fleischigen Trieben hat diese Pflanze ihren Trivialnamen Schlangen-Fetthenne erhalten. Diese fröhliche Dame wird ihre Pflanzensammlung ganz sicher bereichern. Die Schlangen-Fetthenne ist eine auffällige Hänge-pflanze mit prächtigen grünen, bohnenförmigen Blättern, die bei der großen Variante, die hier ge-zeigt ist, besonders lang und dick sind. Die klei-nen roten, gelben oder weißen Blüten wachsen in Grüppchen und erscheinen im Spätsommer. Richtig gut macht sich diese Pflanze in einem Regal oder auf einem Pflanzenständer, die eine fröhliche Note gut vertragen können.

SANSEVIERIA TRIFASCIATA
SANSEVIERIA TRIFASCIATA »MOONLIGHT«

Diese Sansevieria mit ihren hübschen, länglichen Blättern ist eine Bereicherung für jeden Raum, in dem sie steht, und dank ihrer vertikalen Form eine wunderbar platzsparende Zimmerpflanze. Laut einer NASA-Studie zur Luftreinhaltung besitzen Sansevierien, auch Bogenhanf genannt, erstaunliche luft-reinigende Fähigkeiten und können vier der fünf häufigsten Wohngifte aus der Luft filtern. Sie zählen auch zu den wenigen Pflanzen, die nachts Kohlendioxid aus der Luft entfernen, damit Sie gut und ruhig schlafen können. Sansevierien sind äußerst pflegeleicht und dadurch ideale Zimmerpflanzen.

LICHT

Wenig bis mäßig

WASSER

Wenig

ERDE

Gut durchlässig

LICHT

Hell, indirekt

WASSER

Wenig

ERDE

Sehr durchlässig

HAWORTHIOPSIS ATTENUATA

ZEBRA-HAWORTHIE

Die in der südafrikanischen Provinz Ostkap beheimatete Sukkulente ist auffallend gestreift und wächst sehr langsam. Stachelig, eindrucksvoll und nur etwa 15 Zentimeter hoch zählt die Zebra-Haworthie zu den beliebtesten Sukkulenten überhaupt. Nicht nur ihre ausgefallene Erscheinung, sondern auch ihre Robustheit machen sie zu einem idealen Geschenk. Oft ist sie in Terrarien gepflanzt oder in Teetassen und verziert so die Fensterbänke von Studenten-WGs.

SENECIO MANDRALISCAE
CURIO »MOUNT EVEREST«

Das Erste, was beim Anblick dieser Pflanze ins Auge springt, ist ihre Farbe: ein kräftiges Blaugrün, das die herrliche Sukkulente deutlich von ihren grünen Artgenossen unterscheidet. Die wegen ihrer Zähheit auch oft als Bodendecker in Außenbereichen verwendete Curio passt sich problemlos an die Bedingungen in Innenräumen an und ist ziemlich pflegeleicht. Die in Südafrika beheimatete Pflanze hält – ungewöhnlich für eine Sukkulente – Sommerschlaf und hat ihre Wachstumsperiode im Winter. Wegen der einfachen Vermehrung durch Stecklinge, die man in Erde stellt, lässt sich diese Pflanze ideal mit anderen teilen.

LICHT

Hell, indirekt bis direkt

WASSER

Wenig

ERDE

Gut durchlässig

LICHT
Hell, indirekt

WASSER
Wenig

ERDE
Gut durchlässig

SENECIO RADICANS
HÄNGENDES KREUZKRAUT

Spätestens mit dieser Dame werden Sie den Sukkulenten verfallen. Das ursprünglich aus Südafrika stammende Hängende Kreuzkraut ist sowohl in Wüsten als auch in tropischen Regionen zu finden. Diese auch Kap-Efeu genannte Pflanze ist eine exotische, hängende Sukkulente, mit der auch der schwärzeste Daumen klarkommt. Sie ist nicht nur pflegeleichter als ihre Cousine, die Erbsenpflanze (Senecio rowleyanus), sondern wächst auch schneller und erreicht den Boden, bevor sie es merken. Interessantes Detail: Die Blüten, die im späten Winter bzw. frühen Frühling erscheinen, duften nach Zimt.

LICHT

Wenig bis mäßig

WASSER

Wenig

ERDE

Gut durchlässig

GASTERIA
GASTERIEN

Gasterien sehen der Echten Aloe (Aloe vera) nicht ganz unähnlich, sind aber seltener. Der Name der Gattung ist bedauerlicherweise vom lateinischen Wort für »Magen« abgeleitet, was auf die sackförmigen Blüten zurückzuführen ist. Diese interessante und pflegeleichte Pflanze kommt auch mit schlechten Lichtverhältnissen gut zurecht und ist eine ziemlich robuste Zimmerpflanze. Da sie ähnliche Bedingungen wie die Zebra-Haworthie (siehe S. 183) bevorzugt, sind die beiden ideale Zimmergenossen.

LICHT	WASSER	ERDE
Hell, indirekt	Wenig	Gut durchlässig

EUPHORBIA TRIGONA
DREIKANTIGE WOLFSMILCH

Weder Kaktus noch Baum, sondern eine Wolfsmilch! Diese Pflanzengattung umfasst über 2000 Arten, die sehr unterschiedlich aussehen: Von den länglichen, in Südafrika verbreiteten Varietäten, die Kakteen sehr ähnlich sind, bis hin zu ungewöhnlichen, runden Euphorbia obesa sind alle gleich beeindruckend und auffällig. Euphorbien sind in Amerika und im tropischen Teil Asiens zu Hause und haben sich inzwischen auch in Südostafrika und auf Madagaskar ausgebreitet. Diese Pflanzen brauchen viel Licht, stellen Sie sie daher am besten an einen hellen Platz ohne direkte Sonneneinstrahlung. Wasser benötigen sie etwa einmal wöchentlich, weniger in der kalten Jahreszeit, zu feucht haben sie es nicht gerne. Deshalb: Gießen Sie erst, wenn die Erde ziemlich trocken ist. Die Wolfsmilch sollte man jedes Jahr umtopfen, wenn sie richtig groß werden soll. Eine Düngegabe alle paar Monate fördert das Wachstum ebenfalls.

SEMPERVIVUM ARACHNOIDEUM
SPINNWEB-HAUSWURZ

Dem Namen zufolge könnte man meinen, diese Dame wäre von Spinnen befallen (Stichwort: Arachnophobie), aber die »Spinnweben« auf dieser Pflanze sind lediglich Härchen, mit denen die Blätter dicht bedeckt sind. Laut einem Aberglauben sollen Bewohner von Häusern, deren Dächer mit Spinnweb-Hauswurzen bewachsen sind, vor Hexerei und Blitzen geschützt sein. Untypisch: Diese Hauswurz ist in den Alpen, auf dem Apennin und in den Karpaten verbreitet und verträgt Temperaturen von bis zu minus zwölf Grad Celsius. Umgekehrt kommt sie auch mit Hitze (bis 40 Grad Celsius) klar. Kurzum: ein knallhartes Gewächs!

LICHT

Hell, indirekt

WASSER

Wenig

ERDE

Gut durchlässig

LICHT

Hell, direkt

WASSER

Wenig

ERDE

Gut durchlässig

ECHEVERIA
ECHEVERIEN

Diese faszinierende Pflanze mit ihren rosettenförmigen Blättern wurde nach dem mexikanischen Pflanzenfreund und Zeichner Atanasio Echeverría y Godoy benannt. Sie bevorzugt ein Leben im Rampenlicht: Geben Sie ihr daher einen hellen Platz, am besten mit etwas Morgensonne. Die starke Sonneneinstrahlung am Nachmittag bekommt der Pflanze jedoch weniger. Ansonsten macht diese Dame wenig Theater und ist recht anspruchslos. Gießen Sie das Wasser auf die Erde, nicht auf die Rosette, und trennen Sie abgestorbene Blätter an der Basis der Pflanze ab, um Schädlingsbefall (Wollläusen) vorzubeugen.

LICHT

Hell, indirekt bis direkt

WASSER

Wenig

ERDE

Gut durchlässig

KALANCHOE GASTONIS-BONNIERI

Die mit prachtvollen, samtigen und gefleckten Blättern gesegnete Pflanze ist eine schnell wachsende Sukkulente, deren Blätter bis zu 50 Zentimeter lang und handtellerbreit werden können.

Die pflegeleichte und eindrucksvolle Gattung Kalanchoe umfasst auch zahlreiche blühende Varietäten mit farbenfroher, lang währender Blütenpracht. Diese Sukkulenten bevorzugen einen hellen, sonnigen Platz, zum Beispiel auf der Fensterbank, und machen sich auch gut auf einem Pflanzenständer.

Kalanchoe zeigen einem ziemlich genau, was sie gerade benötigen: Hängende Blattspitzen deuten auf Wassermangel hin. Allerdings sind diese Pflanzen keine großen Trinker, es reicht, wenn sie im Sommer alle zwei Wochen gegossen werden, im Winter entsprechend weniger. Wässern Sie erst, wenn die Erdoberfläche vollkommen trocken ist, und gönnen Sie den Pflanzen im Sommer alle 14 Tage etwas flüssigen oder Langzeitdünger.

Die markanten Blätter sehen zwar toll aus, sind aber giftig. Achten Sie deshalb darauf, dass Ihre neugierigen Vierbeiner nicht an ihnen knabbern können.

PFLANZENFREUNDE

KARA RILEY

Fotografin

KARAS ZUHAUSE VERSTRÖMT EIN FLAIR VON BOHEME: EIN KLEINES BAUERNHAUS INMITTEN DER STADT VOLL MIT
RETRO-KRIMSKRAMS, BÜCHERN, SCHÖNEN KERAMIKEN UND NATÜRLICH VIELEN PFLANZEN.

ERZÄHLE UNS ETWAS ÜBER DICH: ÜBER DEINEN BACK-GROUND, DEINE ARBEIT, DIE RÄUME, IN DENEN WIR DICH FOTOGRAFIEREN.

Ich habe die Fotografie zwar erst seit einigen Jahren zum Beruf gemacht, habe aber immer schon das Leben um mich herum fotografiert, um es besser verarbeiten und begreifen zu können. Im Grunde meins Herzens bin ich Künstlerin, was auf alles, was ich tue, Einfluss hat – ob ich in meinen Skizzenblock zeichne, ein gutes Buch lese (und darüber nachdenke) oder meine Zimmerpflanzen arrangiere und fotografiere.

Mit meinem Partner Adrien und unserem Hund Willow bewohne ich das einstige Wohnhaus eines Hufschmieds aus den 1870er-Jahren im Stadtteil Inner West in Sydney. Es war Liebe auf den ersten Blick – es gibt da so viele tolle Plätze für Pflanzen und jede Menge altes Holz im Innenbereich. Das erinnert mich an eine Hütte auf dem Land – ein kleiner Zufluchtsort inmitten des Getümmels.

PFLANZEN HABEN DICH BEI DEINER ARBEIT IMMER IN-SPIRIERT. WANN HAT DIESE LIEBESBEZIEHUNG ANGE-FANGEN?

Als ich nach einigen Jahren im Ausland wieder in meinen Geburtsort gezogen bin, brachte ich eine Fotoka-mera mit, die ich immer bei mir trug, gerade wenn ich die interessanten Viertel in Sydney durchstreifte. Das war mein Versuch, mit meiner Rückkehr klarzukommen, und dabei entdeckte ich so viel Schönes – vor allem allerlei Pflanzen in Vorgärten ausgefallener Häuser. Ich schaute mir besonders gerne die unterschiedlichen Gärten der Leute an – manche waren sorgfältig zusammengestellt, andere eher zufällig mit Sukkulenten und Unkraut mit schönen Blüten begrünt. Ich war begeistert!

WAS GEFÄLLT DIR AM FOTOGRAFIEREN VON PFLANZEN?

Pflanzen haben so viel Charakter, vielleicht sogar mehr als Menschen, und ich darf sie jederzeit porträtieren! Ich finde es toll, wenn ich ganz nah an ihnen dran bin und die winzigen Details erkennen kann – das ermahnt mich dazu, zu entschleunigen und zu beobachten. Als ich mich immer besser mit den verschiedenen Pflanzenarten aus-kannte, habe ich sie überall entdeckt, sogar da, wo ich es gar nicht erwartet hätte. Ich fotografiere gerne Pflanzen, die irgendwie fehl am Platz scheinen und den Kontrast zwischen Stadt und Natur zum Ausdruck bringen. Unkraut auf einem Parkplatz kann ein großartiges Motiv sein!

ICH GLAUBE, DASS PFLANZEN UNS DABEI HELFEN, UNS ZU ENTSPANNEN. UND JE ENTSPANNTER WIR SIND, DESTO MEHR PSYCHISCHE KAPAZITÄT HABEN WIR, UM KREATIV ZU SEIN.

DEIN ZUHAUSE IST VOLLER ZIMMERPFLANZEN. WELCHEN EINFLUSS HABEN SIE DEINER MEINUNG NACH AUF UNSERE RÄUME UND UNSER LEBEN?

Pflanzen machen mich glücklich! Sie haben die Kraft, die Atmosphäre in einem Raum komplett zu verändern. So viel Natur im eigenen Zuhause zu haben, wirkt beruhigend, gerade in der Stadt. Ich denke, dass es jedem Menschen guttun würde, zumindest eine Zimmerpflanzen zu pflegen und zu betrachten.
Auch die Vorteile für die Gesundheit sind enorm: angefangen bei Pflanzen, die die Luft in unseren Räumen reinigen, bis zu solchen mit erstaunlichen Heileigenschaften.

WIE HÄLTST DU DEINE PFLANZEN GLÜCKLICH UND GESUND?

Ich möchte jede einzelne Pflanze möglichst gut kennenlernen, das heißt, ich beobachte, wie oft sie Wasser brauchen, wechsle ihren Standort, um zu sehen, wo es ihnen am besten gefällt. Ich gebe meinen Pflanzen Namen, die zu ihren Eigenschaften passen, und rede beim Gießen mit ihnen.

HAST DU EIN PAAR TIPPS, WIE MAN PFLANZEN AM BESTEN ARRANGIERT?

Das richtige Gefäß ist der Schlüssel zum Erfolg! Ich bin immer auf der Suche nach ungewöhnlichen Gefäßen wie gebrauchten Büchsen oder Einweckgläsern, die ich anstelle von Blumentöpfen verwende, und nach Körben als Übertöpfe. Stecklinge in Flaschen sind auch sehr dekorativ – und es ist faszinierend, ihre Wurzeln wachsen zu sehen. Idealerweise gibt es überall im Haus ausreichend Tageslicht, damit Pflanzen in jeder Ecke stehen können, aber Gruppen in der Nähe eines Fensters sind auch schön. Bei mir stehen einige Pflanzen auf kleinen Schemeln oder Möbeln in Fensternähe, sodass sie mehr von der Sonne profitieren.

WAS SIND DEINE LIEBLINGSPFLANZEN UND WARUM?

Meine Lieblingspflanze ist die Efeutute (Epipremnum aureum), vor allem die bunte Varietät. Sie lässt sich einfach kultivieren und ist pflegeleicht. Es gefällt mir, wenn sie an der Decke hängt und auf allen Seiten nach unten wächst. Dadurch erscheint sie größer, als sie ist, und sie füllt Räume gut aus.

PFLANZENLIEBHABER SIND OFT AUCH HUNDEFREUNDE, WIE HIER ZU SEHEN IST. DER KLEINE WILLOW HAT ES SICH MIT BLICK AUF KARAS LIEBLINGSPHILODENDRON GEMÜTLICH GEMACHT.

OPUNTIA MICRODASYS »RUFIDA«

SELENICEREUS ANTHONYANUS

MAMMILLARIA ELONGATA

KAKTEEN

STAPELIA GRANDIFLORA

ECHINOCACTUS GRUSONII

MAMMILLARIA BOCASANA

Diese stacheligen, formschönen und selten durstigen Kerle sind die beste Wahl für Menschen, die das Gießen von Pflanzen gerne mal vergessen. Zur Auswahl stehen dabei unzählige Varietäten – von kugelrunden Exemplaren wie dem Schwiegermutterstuhl (Echinocactus grusonii) bis hin zur Aasblume (Stapelia grandiflora) mit ihren langen, dünnen Armen. Ja, sie können wehtun, doch ihre Stacheln bzw. Dornen verwenden sie nur zur Abwehr von Feinden. Dafür verzaubern sie mit ihren wunderbaren Blüten.

LICHT

Hell, indirekt

WASSER

Wenig

ERDE

Gut durchlässig

SELENICEREUS ANTHONYANUS
FISCHGRÄTEN-KAKTUS

Dieser Kaktus erinnert mit seiner erstaunlichen Form an Fischgräten. Da er eher anspruchslos ist, ist er eine tolle Ergänzung für das eigene Zuhause. Selenicereus anthonyanus ist ein Epiphyt, der selten blüht, wenn, dann nur nachts und lediglich 24 Stunden. Deshalb sollten Sie gut aufpassen, wenn Sie eine Blütenknospe entdecken. In Gruppen mit anderen Hänge- oder Schlingpflanzen sehen diese robusten Kakteen großartig aus, aber auch als solitäre Hängepflanze machen sie sich gut. Nehmen Sie sich in Acht vor den fiesen Dornen, die etwas versteckt in den inneren Blattfurchen liegen – wie wir aus leidvoller Erfahrung wissen!

LICHT

Hell, indirekt

WASSER

Mäßig

ERDE

Sandig + grob

ECHINOCACTUS GRUSONII
SCHWIEGERMUTTERSTUHL

Der Schwiegermutterstuhl (Echinocactus grusonii) zählt zu den anspruchslosesten Zimmerkakteen überhaupt. Als Bewohner der Wüsten der südlichen USA und Mexikos bevorzugen sie ein heißes, trockenes Klima. Einmal in ordentliche Kakteenerde gepflanzt, leben sie einfach vor sich hin. Diese Burschen können bis zu 30 Jahre alt werden und wachsen langsam. Ausdauer lohnt sich, denn erst nach etwa 20 Jahren erscheinen die ersten Blüten! Feuchte Luft und Erde vertragen diese Pflanzen nicht, und wohl fühlen sie sich nur in gut durchlässiger Erde. Vermeiden Sie Staunässe und lassen Sie kein Wasser im Topf oder Untersetzer stehen, denn sonst geht die Pflanze an Wurzelfäule zugrunde.

Dieser Kaktus, dem man eine gewisse Ähnlichkeit mit Robert Smith von der Band The Cure nachsagt, bevorzugt die dunklen Ecken in Ihrem Zuhause und ist dadurch vielleicht genau die richtige dekorative Pflanze für Ihre Problemzonen. Der Binsenkaktus schätzt feuchte Bedingungen, wie sie beispielsweise im Badezimmer vorherrschen. Sollte das Arbeitszimmer ein wenig Grün benötigen, macht sich dieser nette Freund auch gut auf Ihrem Schreibtisch. Er braucht zwar ab und zu Wasser, hasst aber nasse Füße wie alle Kakteen. Da er aus dem Regenwald stammt, vertragen seine fleischigen Stränge keine direkte Sonne. Stellen Sie ihn am besten an einen Platz mit mäßigem indirektem Licht.

RHIPSALIS BACCIFERA
BINSENKAKTUS

PFLANZENFREUNDE

GEORGINA REID

Begründerin und Redakteurin der Zeitschrift »The Planthunter«

GEORGINA LÄSST IHRE PFLANZEN UNGEZÄHMT, NATÜRLICH WACHSEN. SIE SIND EIN WENIG WIE SIE SELBST: ERDVERBUNDEN UND WILD. IHRE AUSGESUCHTE PFLANZENSAMMLUNG VERLEIHT IHREM BÜRO EIN RUSTIKALES DSCHUNGELFLAIR.

THE PLANTHUNTER BESCHÄFTIGT SICH MIT DER BE-
ZIEHUNG VON MENSCHEN UND PFLANZEN. WIE STARK
PROFITIEREN MENSCHEN VON EINEM LEBEN MIT
PFLANZEN?

Die Beziehung zwischen Menschen und Pflanzen ist
schwer zu beschreiben oder klar zu bezeichnen, dennoch ist sie vorhanden. Erstens: Gäbe es keine Pflanzen,
gäbe es auch uns nicht. Das allein ist doch Grund genug, sich mit Pflanzen zu umgeben, oder? Zweitens: Die
Pflege von Pflanzen lehrt uns viel über die erstaunlichen
Verbindungen zwischen allen Lebensformen. Oder wie
der Dichter Stanley Kunitz es einst ausdrückte: »Das Uni-
versum ist ein zusammenhängendes Spinnennetz – be-
rührst du es an einer Stelle, dann bebt es überall.« Ich
liebe diesen Satz, da er nicht nur die unfassbare Schönheit und Zerbrechlichkeit unserer Existenz illustriert, sondern besagt, dass alle Lebensformen auf der Erde mit-
einander zusammenhängen. Wie kaum etwas anderes
lehren uns Pflanzen und Gartenarbeit etwas über das
Leben und die eigene Sichtweise.

UMGEKEHRT PROFITIEREN PFLANZEN DOCH AUCH
VON DER NÄHE ZUM MENSCHEN?

Das kommt darauf an. Eine Zimmerpflanze braucht
Menschen, sonst stirbt sie einen langsamen Hungertod.
Aber nicht alle Menschen sind den Pflanzen wohlge-
sonnen. Ich denke da an die Millionen von Bäumen, die
jahrhundertelang stolz in Wäldern, an Flüssen, in Gras-
landschaften lebten und wegen sinnloser menschlicher
Bedürfnisse gerodet wurden. Sie haben ganz eindeutig
nicht von der Nähe zum Menschen profitiert.

WAS SIND DENN DEINE LIEBLINGSZIMMERPFLANZEN?

Ich liebe Wachsblumen (Hoya). Sie sind unaufdring-
lich, schön und zäh. Und dann Rhipsalis – von denen
habe ich eine ganze Menge. Und Lepismium (Blattkak-
tus), Peperomien und andere. Ich liebe sie alle und habe
eine Sammlung im Wohnzimmer und in der Küche.

GÄBE ES KEINE
PFLANZEN, GÄBE ES
AUCH UNS NICHT.
DAS ALLEIN IST DOCH
GRUND GENUG, SICH
MIT PFLANZEN ZU
UMGEBEN, ODER?

WIE LAUTET DEIN TOPTIPP FÜR DIE GESUNDERHALTUNG VON ZIMMERPFLANZEN?

Nicht zu viel Wasser geben! Für Pflanzen ist ein Leben in Innenräumen nicht einfach, eigentlich gibt es so etwas wie eine »Zimmerpflanze« ja nicht. Pflanzen, die innen überleben, sind einfach im Hinblick auf die Licht- und Temperaturverhältnisse etwas toleranter als andere. Deshalb ist es gut, Pflanzen zur Erholung ab und zu rauszustellen oder, wenn das nicht geht, einfach mal unter die Dusche!

GLAUBST DU, DASS PFLANZEN DEINE KREATIVITÄT FÖRDERN? KANNST DU UNS DAS ERKLÄREN?

Und ob sie das tun! Ich liebe Pflanzen und Natur, seitdem ich denken kann, sie haben mich immer inspiriert. Als Kind habe ich Blumen getrocknet und meiner Mutter im Garten geholfen. Später, als Erwachsene, habe ich fremde Gärten gestaltet, über Pflanzen und Kreativität geschrieben und die Zeitschrift The Planthunter gegründet. Pflanzen sind ein Teil von dem, was ich heute bin; sie sind meine Muse.

DIE STOLZ AUF DER »TREPPE ZUM GLÜCK« STEHENDE GEORGINA HAT EINE RIESIGE SAMMLUNG AN FARNEN, BEGONIEN, PHILODENDREN, RHIPSALIS, PFLANZENBÜCHERN UND SOGAR EINIGE AUFFALLENDE PAMPASGRAS-RISPEN.

STAPELIA GRANDIFLORA
AASBLUME

Die schöne, stark riechende Aasblume ist eine schnell und aufrecht wachsende Sukkulente, die mit einer interessanten Technik Insekten anlockt. Ähnlich wie fleischfressende Pflanzen (aber ohne Fleisch zu fressen) verströmen ihre spektakulären Blüten den Geruch von Aas und ziehen so Insekten an, die dort landen und sie bestäuben. Wer dieses Spektakel erleben will, sollte es aus sicherer Distanz tun! Stellen Sie den blühenden Kaktus zum Beispiel oben in ein Regal. Aasblumen sind generell pflegeleicht, doch die Wurzeln sind anfällig für Krankheiten. Vermeiden lassen sich diese durch eine durchlässige Erde und Wasser mit einem guten, systemischen Insektizid. Im Winter sollten Sie das Gießen vollständig einstellen.

LICHT
Hell, indirekt bis direkt

WASSER
Wenig

ERDE
Sandig + grob

MAMMILLARIA BOCASANA

Da diese Kakteengattung mehr als 200 Varietäten aufweist, sollte es eigentlich kein großes Problem sein, die richtige Mammillaria zu finden. Die in den Wüsten im Südwesten der USA und in Mexiko verbreiteten, langsam wachsenden, fassförmigen Kakteen sind eine anspruchslose Ergänzung für Ihren Zimmergarten. Sie sind hübsch, eher klein, werden 1 bis 40 Zentimeter hoch und 1 bis 20 Zentimeter breit. Zur Krönung ihrer eindrucksvollen Form bilden sie manchmal auch prachtvolle, aus lila oder rosa Blüten bestehende Kronen aus. Die Blühfreudigkeit lässt sich übrigens verbessern, indem man das Gießen in den kalten Monaten unterlässt.

OPUNTIA MICRODASYS

HASENOHR-KAKTUS

Mit den kleinen hasenohrförmigen Polstern und ihrer anspruchslosen Art sind diese Süßen die perfekte Ergänzung für jede Zimmerpflanzensammlung. Aber aufgepasst! Sie sind bewaffnet und gemeingefährlich – schon bei der kleinsten Berührung sondern sie große Mengen Stacheln ab, die viel dünner sind als Menschenhaare. Wer unangenehme Hautirritationen vermeiden will, sollte vorsichtig sein. Düngen Sie Hasenohren-Kakteen im Frühling und Sommer bei jedem zweiten Wässern mit verdünntem Pflanzendünger oder Kakteendünger. Manchmal wird der Kaktus von Schädlingen wie etwa Woll- oder Schildläusen heimgesucht, die sich allerdings leicht mit einem mit Alkohol getränkten Wattestäbchen entfernen lassen. Hasenohr-Kakteen sollte man jedes Jahr oder alle zwei Jahre umtopfen. Ihre Vermehrung ist leicht: Einfach ein Polster an der Nahtstelle abbrechen, das Ende ein paar Tage etwas trocknen lassen und anschließend in eine Mischung aus Kakteen- und Sukkulentenerde stellen. Mit dem regelmäßigen Wässern sollten Sie mindestens ein bis zwei Wochen warten, damit der junge Kaktus ausreichend Zeit hat, zu wurzeln. Danach gießen Sie unregelmäßig und im Herbst und Winter nur leicht alle drei bis vier Wochen – ehrlich, nicht öfter!

SEL
UNGE-
WÖHN
PFL

Pflanzen, die nicht in die Kategorien in diesem Buch passen, gibt es viele, manche sind es aber wert, näher betrachtet zu werden. Die Pflanzen in diesem Kapitel lassen sich nicht so leicht auftreiben und sind interessant für Menschen mit einem Faible für Ausgefallenes.

Pflanzen, die ohne Erde auskommen, sind erstaunlich, und genau das tun Luftpflanzen. Es sind Epiphyten, das bedeutet, dass Sie sich an andere Pflanzen heften (oder an Felsen oder von Menschen gefertigte Strukturen) und sich mit Nährstoffen aus der Luft, aus dem Wasser oder umgebenden Ablagerungen versorgen. Sie gehen eine harmonische, symbiotische Beziehung mit der Wirtpflanze ein, von der beide profitieren.

Da bei diesen Pflanzen der einschränkende Topf mit Erde wegfällt, sind die Gestaltungsmöglichkeiten schier endlos. Ob als »schwimmender Zimmergarten« auf einem feinen Fischernetz oder auf einem Gestell aus Draht: Diese markanten und faszinierenden Schönheiten werten Ihr Zuhause ganz sicher auf.

Fleischfressende Monster stellen wir Ihnen hier auch vor, da sie keine alltäglichen Zimmerpflanzen und auch nicht so leicht erhältlich sind. Wie das Tauschen, Aufstöbern und Züchten von Orchideen kann sich auch das Sammeln von fleischfressenden Pflanzen schnell in eine Leidenschaft verwandeln. Und ehe Sie es bemerken, ist Ihr Zuhause voll damit. Sagen Sie nicht, wir hätten Sie nicht gewarnt!

Ein Blick in die sozialen Medien genügt, um festzustellen, wie beliebt der Chinesische Geldbaum (Pilea peperomioides) ist. Deshalb gebührt ihm an dieser Stelle besondere Aufmerksamkeit, nicht nur, weil er nicht leicht zu bekommen ist, sondern wegen der wunderbaren Geschichte hinter dieser Pflanze. Der norwegische Missionar Agnar Espegren, der die schöne, in China verbreitete Pflanze 1946 von dort nach Norwegen mitbrachte, beschenkte Freunde mit Stecklingen und trug so zur Verbreitung der Pflanze bei. In Norwegen sieht man den auch als Missionarspflanze bekannten Chinesischen Geldbaum häufig auf Fensterbänken.

Aus dem Sammeln von ungewöhnlichen Pflanzen kann leicht eine Besessenheit werden. Dann suchen Sie in allen Gärtnereien, im Internet und auf Flohmärkten nach Raritäten. Es ist ein großartiges Gefühl, wenn man eine solche ausgefallen Pflanze ergattert und ihr einen Ehrenplatz in der Sammlung gegeben hat. Also: Die Jagd ist eröffnet!

> AUS DEM SAMMELN VON UNGEWÖHNLICHEN PFLANZEN KANN LEICHT EINE BESESSENHEIT WERDEN. DANN SUCHEN SIE IN ALLEN GÄRTNEREIEN, IM INTERNET UND AUF FLOHMÄRKTEN NACH RARITÄTEN.

LUFTPFLANZEN

Luftpflanzen bzw. Tillandsien sind außergewöhnlich und anspruchslos (nicht mal Erde brauchen sie), sie machen viel Freude und sind eine extravagante Ergänzung für Ihre Pflanzensammlung. Es gibt sie in unterschiedlichsten, meist erstaunlichen Formen – vom Louisianamoos, das auf alten Bäumen im Süden der USA wächst, bis hin zur wilden Tillandsia xerographica. Ursprünglich beheimatet im Süden der USA, in Mexiko sowie in Mittel- und Südamerika, zählen Tillandsien zur Familie der Bromelien.

Es gibt zwei Arten, Luftpflanzen zu wässern. Normalerweise sollte man sie unterschiedlich lang, aber regelmäßig in Wasser stellen (mehr darüber auf den nächsten Seiten). Darüber hinaus gibt es die schnelle Tauchmethode. In beiden Fällen sollten Sie die Pflanze kopfüber wässern und überschüssiges Wasser anschließend behutsam abschütteln, bevor Sie sie komplett austrocknen lassen (am besten über Nacht, um Fäule vorzubeugen) und wieder an ihren Standort zurückstellen bzw. -hängen. Eine frisch gekaufte Luftpflanze sollten Sie am gleichen Tag wässern, da sie womöglich beim Transport etwas ausgetrocknet ist. Zwischen dem Wässern kann man Luftpflanzen auch düngen, vor allem, wenn es sehr warm ist. Da sie kein chloriertes Wasser vertragen, sollten Sie chloriertes Leitungswasser vor der Verwendung 24 Stunden ruhen lassen.

Luftpflanzen mögen es, wenn ein Lüftchen weht, und bevorzugen gut gelüftete Räume. Grüne Luftpflanzen trocknen im Übrigen schneller aus als andere, während silberfarbene Trockenheit besser vertragen.

Gesunde Luftpflanzen blühen ab und zu. Schneiden Sie ausgeblühte Blüten immer behutsam ab. Außerdem bilden sie Nachwuchs. Sobald die Jungpflanzen halb so groß sind wie die Elternpflanze, können Sie sie abtrennen, dann können sie selbstständig leben – so einfach ist das!

Besonders toll wirken Luftpflanzen, wenn sie in irgendeiner Vorrichtung hängen, sie machen sich aber auch gut in Töpfen (ohne Erde!), in Gruppen oder solitär auf dem Küchentisch oder im Regal.

Aus den mehr als 650 verschiedenen Luftpflanzenarten stellen wir Ihnen unsere Lieblinge vor – lassen Sie sich inspirieren und ergänzen Sie Ihre Sammlung mit diesen faszinierenden Gewächsen.

DIE TILLANDSIA XEROGRAPHICA IST EINE UNSERER LIEBLINGSLUFTPFLANZEN.

LICHT
Hell, direkt

WASSER
Viel

ERDE
Wasser speichernd

Nephentes
KANNENPFLANZE

Diese fleischfressenden Kreaturen sind ein echter Blickfang. Mit ihren schlauchartigen Trompeten, tollen Farben und großen, zarten Blüten erinnern sie uns an die Serie Pflanzen des Schreckens. Die in Südostasien verbreitete Kannenpflanze gedeiht bevorzugt in tropischen Berglandgegenden. zieht mit ihrem Nektar, Duft und Farben Insekten an, die anschließend eingeschlossen werden und an der Basis der Trompeten ertrinken. Um die Nährstoffe (Stickstoff und Phosphor) aufnehmen zu können, sondert die Pflanze einen verdauungsfördernden Stoff ab, mit dem das Insekt zersetzt wird. Entfernen Sie abgestorbene Blätter, damit die Pflanze gepflegt aussieht, und gießen Sie auch mal etwas Wasser in den Untersetzer, damit die Erde feucht bleibt. Auch Sie werden von diesen faszinierenden Pflanzen begeistert sein.

LICHT	**WASSER**	**ERDE**
Hell, indirekt	Mäßig	Gut durchlässig

PILEA PEPEROMIOIDES
CHINESISCHER GELDBAUM

Ganze Pinterest-Pinnwände weltweit sind mit dieser beliebten, auch Ufopflanze oder Glückstaler genannten Pflanze gefüllt. Und da sie nicht einfach zu bekommen ist, lohnt sich die Jagd nach ihr! Die zarte Pflanze wird zwar höchstens 30 Zentimeter hoch, aber ihre markanten runden Blätter – die manchen vielleicht an Pancakes erinnern – haben sie so beliebt gemacht. Der Geldbaum lässt sich wunderbar leicht vermehren und dadurch gut mit Freunden teilen. An ihrer Basis bildet die Pflanze Jungpflanzen, die Sie, sobald sie mindestens fünf Zentimeter hoch sind, einfach mit einem sauberen Messer abschneiden und dann in Wasser oder feuchte Erde stellen können. Sie wurzeln innerhalb von sechs Wochen. Noch ein paar Tipps: Drehen Sie Ihre Pflanze ab und zu, um einem einseitigen Wuchs vorzubeugen. Vermeiden Sie nasse Füße, da der Geldbaum für Wurzelfäule anfällig ist.

TILLANDSIA BRACHYCAULOS

TILLANDSIA XEROGRAPHICA

TILLANDSIA IONANTHA

TILLANDSIEN

TILLANDSIA STREPTOPHYLLA

TILLANDSIA STRICTA

Pflanzen, die keine Erde zum Wachsen brauchen? Das klingt seltsam. Mit ihrer Fähigkeit, sich ausschließlich von Wasser, Luft und Pflanzenresten zu ernähren, sind diese verblüffenden Kreaturen jedoch ein großartiges Beispiel für die unglaubliche Überlebensfähigkeit von Pflanzen. Als Epiphyten gehen Luftpflanzen eine harmonische Beziehung mit der Pflanze oder Struktur ein, an die sie sich haften. Somit fühlen sie sich genauso wohl in einer Gabelung eines alten großen Gummibaums wie in einer hippen, an Ihrer Gardinenstange baumelnden Himmeli aus Messing.

LICHT

Hell, indirekt

WASSER

Regelmäßig besprühen

ERDE

Keine, gute Belüftung

TILLANDSIA USNEOIDES
LOUISIANAMOOS

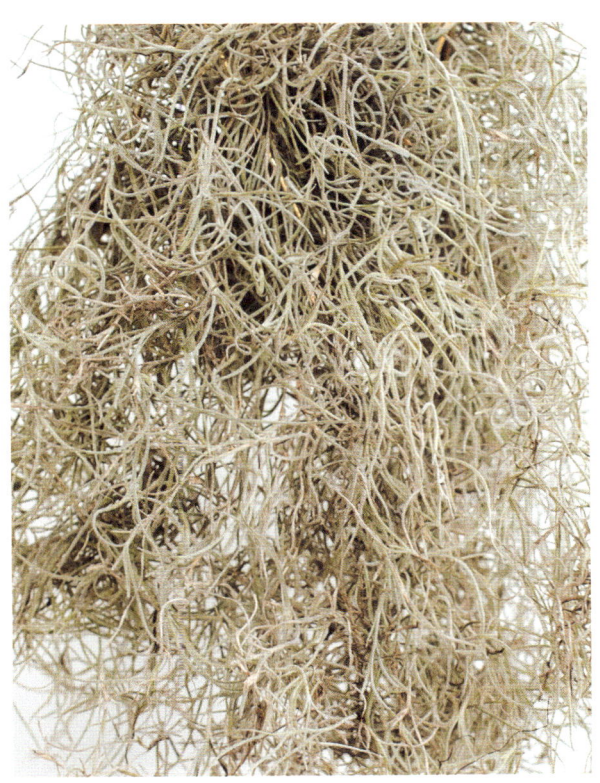

Das Louisianamoos ist eine weitverbreitete und leicht erhältliche Luftpflanze. Der Trivialname sagt bereits viel über das Aussehen der Pflanze aus. In seiner natürlichen Umgebung wächst das Luisianamoos auf Ästen, es fühlt sich aber genauso wohl, wenn es von einem Haken oder Bücherregal herabhängen darf – optischer Genuss bei minimalem Einsatz. Diese Pflanze kommt zwar ohne Erde aus, schätzt es aber umso mehr, wenn man sie regelmäßig besprüht und ihr eine gute Luftfeuchtigkeit und eine leichte Brise bietet, in der sie sich wiegen kann.

LICHT

Hell, indirekt bis direkt

WASSER

Alle 14 Tage 15 Minuten lang in Wasser legen und regelmäßig besprühen

ERDE

Keine, gute Belüftung

TILLANDSIA XEROGRAPHICA

Mit ihren großen silberfarbenen Blättern, die anfangs breit sind und immer schmäler werden, ist diese Tillandsie eine faszinierende Ergänzung für jede Pflanzensammlung. Sie ist eine der größten Tillandsien und wirkt sehr gut, wenn sie aus einem Hängetopf hervorlugt oder die Ecke eines Regals schmückt. Eine weitere Besonderheit: Die Pflanze bildet rosa und lila Blüten, die Sie lange Zeit bewundern können.

LICHT

Hell, indirekt

WASSER

Einmal pro Woche 30 Minuten
in Wasser legen + besprühen

ERDE

Keine, gute Belüftung

TILLANDSIA IONANTHA

Diese in Mittelamerika und Mexiko beheimatete Dame hat als Jungpflanze silbergrüne Blätter, die sich zu Beginn der Blütezeit in einem auffälligen Rosa bis Rot färben. Bald danach erscheint ein lilafarbener Trieb mit zarten goldfarbenen Blütenspitzen, welche die perfekte Krönung dieser faszinierenden Pflanze bilden. Sie ist in jedem Raum eine auffällige Erscheinung und macht sich solitär genauso gut wie inmitten einer Pflanzengruppe. Kaufen Sie ihr einen speziellen kleinen Luftpflanzenhalter oder basteln Sie selbst etwas aus Treibholz, Draht oder Seilen.

TILLANDSIA STRICTA

In der freien Natur wachsen diese zähen Pflanzen ebenso in Sanddünen wie auf Bäumen, sie zählen daher zu den robustesten Luftpflanzen überhaupt. Diese Tillandsia blüht in den Sommermonaten und zeigt dann auffällige, zarte rosa und lila Blüten. Die Blütezeit ist zwar kurz, aber die bunten Blätter, die vor der Blüte erscheinen, bleiben mehrere Monate. Danach bilden sich aus den Blüten Jungpflanzen. Behalten Sie diese im Auge und trennen Sie sie ab, sobald sie voll entwickelt sind.

LICHT

Hell, indirekt

WASSER

Ein- bis zweimal pro Woche 30 Minuten in Wasser legen

ERDE

Keine, gute Belüftung

TILLANDSIA STREP-TOPHYLLA

Diese wilden Schönheiten stammen aus dem Süden Mexikos, Guatemala und Honduras, wo sie von Kolibris und Fledermäusen bestäubt werden. Sie bilden rosa und lila Blüten, welche die Schönheit der Pflanze um eine zusätzliche Dimension erweitern. Diese Tillandsie mag es trockener als die meisten anderen Luftpflanzen. Daher ist sie mit einem kurzen Tauchgang statt eines längeren Wasserbads absolut zufrieden.

PFLANZENFREUNDE

JIN
AHN

Mitbegründerin der »Conservatory Archives«

WER DEN LADEN »CONSERVATORY ARCHIVES« BETRITT, HAT DEN EINDRUCK, DASS ER VON DER EXTREM HOHEN
DECKE BIS ZUM BODEN KOMPLETT MIT GRÜN BESTÜCKT IST. EINE BEEINDRUCKENDE GRÜNE OASE.

ERZÄHLE UNS ETWAS ÜBER DICH: ÜBER DEINEN BACK-
GROUND, DEINE ARBEIT, DIE RÄUME, IN DENEN WIR
DICH FOTOGRAFIEREN.

Geboren und aufgewachsen bin ich in Seoul (Süd-
korea), einer der am dichtesten bevölkerten Städte der
Welt. 2010 bin ich nach Großbritannien umgesiedelt,
um meine Englischkenntnisse aufzupolieren und mich
beruflich aus dem Bereich Design zu verabschieden.
Die Zeit auf dem Land in England war sehr inspirierend.
Ich komme aus einer riesigen Stadt mit sehr viel Beton.
Da ich dachte, dass mich die Arbeit mit der Natur auf
Dauer glücklicher machen würde, habe ich mich für ein
Gartenbaustudium entschieden.

Allerdings bin ich davon ausgegangen, dass ich in einem botanischen Garten oder einer Gärtnerei arbeiten
würde, nicht draußen im englischen Wetter, das war
nichts für eine Stadtpflanze wie mich. Als ich nach meinem Abschluss nach London zog, überlegte ich, dass ich
meine Erfahrungen und meinen Background als Designerin und Geschäftsfrau nutzen könnte, um einen Pflanzenladen in einer Großstadt zu eröffnen. So entstand
»Conservatory Archives«.

WIESO HAST DU »CONSERVATORY ARCHIVES« GE-
GRÜNDET, UND WAS IST ES EIGENTLICH GENAU?

Nach meinem Abschluss fand ich es seltsam, dass so
wenige Menschen sich für Zimmerpflanzen interessierten und es in London kaum darauf spezialisierte Läden
gab. In Seoul haben die Menschen einen völlig anderen
Lebensstil, da die Mehrheit der Bevölkerung in Hochhäu-
sern wohnt, sprich ohne Garten. Ich bin quasi zwischen
Zimmerpflanzen aufgewachsen. Die kreativen Einwohner
von East London schätzen unsere Arbeit sehr, also war es
wohl die richtige Entscheidung.

INWIEFERN HAT DEIN DESIGN-BACKGROUND DEINE
ARBEIT MIT PFLANZEN BEEINFLUSST?

Mein Background als Designerin und das Leben in der
Großstadt haben dazu geführt, dass ich mich in Räumen
sehr wohlfühle. Ich liebe es, wenn Gebäude mit Pflanzen
bestückt sind, die umgeben sind von Möbeln und anderen Dingen. Mein Interesse für Design und Retromöbel
hat meine Vorstellung davon, wie der Laden aussehen
sollte, und auch seine Atmosphäre ganz sicher beeinflusst. Meines Erachtens macht es keinen Unterschied, ob
man eine Pflanze oder ein Möbelstück aussucht. Warum
dann nicht gleich beide an einem Ort begutachten?

DA ICH DACHTE,
DASS MICH DIE ARBEIT
MIT DER NATUR AUF
DAUER GLÜCKLICHER
MACHEN WÜRDE, HABE
ICH MICH FÜR EIN
GARTENBAUSTUDIUM
ENTSCHIEDEN.

HABEN PFLANZEN SCHON IMMER EINE ROLLE IN DEINEM LEBEN GESPIELT?

Meine Mutter mochte Zimmerpflanzen seit jeher sehr. Sie liebt Sukkulenten, in unserer Wohnung in Seoul standen sie überall. Aber erst als ich in England meinen Beruf gewechselt habe, entstand in mir der Gedanke, mit Zimmerpflanzen meinen Lebensunterhalt zu verdienen. Weit weg von der Hektik von Seoul verbrachte ich viel Zeit in der Natur. Dabei begriff ich, wie wichtig ein gewisses Maß an Naturverbundenheit ist, vor allem für Städter.

WELCHE PFLANZEN SIND DEINE LIEBLINGSPFLANZEN UND WARUM?

Es sind so viele, es ist unmöglich, sie alle zu nennen. Ich liebe Pflanzen mit vielen Trieben, die wie Skulpturen wirken. Wenn ich jemanden berate, empfehle ich immer, erst über die bestehenden Lichtverhältnisse im anvisierten Raum und über den eigenen Lebensstil nachzudenken. Für eine taghelle Fensterbank sind Sukkulenten die idealen Einsteigerpflanzen – sie verzeihen es einem, wenn sie mal einen Monat vernachlässigt werden (aber nicht, wenn sie zu viel Wasser bekommen!).

DIE BEIDEN GRÜNDER, JIN UND GIACOMO, KÜMMERN SICH RÜHREND UM DIE ZAHLREICHEN JUNGPFLANZEN IN IHREM LADEN IN EAST LONDON. BEI SO VIELEN PFLANZEN, DIE VERSORGT WERDEN WOLLEN, DAUERT DAS GIESSEN ZIEMLICH LANG.

EINE KLEINE AUSWAHL AN BLATTPFLANZEN UND SUKKULENTEN, DIE DAS WEICHE MORGENLICHT HINTER DER
FENSTERSCHEIBE VON »CONSERVATORY ARCHIVES« IN EAST LONDON GENIESSEN.

Leaf Supply ist das Lieblingskind der Freundinnen und Pflanzen-Nerds Lauren Camilleri, Art-Director für Zeitschriften, Zimmerpflanzenexpertin und Inhaberin von »Domus Botanica«, einem Webshop für Zimmerpflanzen und Design, sowie Sophia Kaplan, Pflanzen- und Blumenstylistin von »Sophia Kaplan Plants & Flowers« und Gründerin des Blogs »The Secret Garden«.

»Es macht Spaß, Märkte und unbekannte Gärtnereien nach den gesündesten und schönsten Blattpflanzen abzugrasen. Wir arbeiten mit lokalen Keramikern, Produzenten und kreativen Köpfen zusammen, die uns ganz besondere Töpfe und Accessoires für das etwas andere Interieur liefern. Wir sind überzeugt, dass es sich umgeben von Grün einfach besser leben lässt. Um diese Passion zu teilen, haben wir *Leaf Supply* ins Leben gerufen.«

Lauren Camilleri »Meine Eltern waren Hobbygärtner und haben einen richtig schönen Garten auf der Rückseite unseres Hauses angelegt. Nach meinem Auszug aus dem Elternhaus habe ich immer in Wohnungen gelebt und wollte trotzdem eine grüne Oase pflegen und genießen. Aber leichter gesagt als getan.

Nachdem ich einige Sukkulenten umgebracht hatte, legte ich mir ein hübsches, kleines Köstliches Fensterblatt zu und war fest entschlossen, diese Pflanze am Leben zu erhalten. Um mehr über die Pflege von Zimmerpflanzen zu erfahren, fing ich an, zu recherchieren. Dabei begriff ich schnell, dass es nicht allzu viel bedurfte, um dieser Pflanze das gleiche Schicksal zu ersparen. Und siehe da, sie überlebte nicht nur, sie wuchs auch, dort in der Ecke meines kleinen Wohnzimmers. Und mit jedem neuen Blatt stieg auch meine Zuversicht, das ich vielleicht doch einen grünen Daumen entwickeln konnte. Dieses schöne Fensterblatt war der Anfang meines Zimmerdschungels.«

Sophia Kaplan »Ich habe meinen Großvater immer gerne besucht, da wir ihm in seinem Garten helfen durften. Er baute alles an, was man essen konnte, es gab sogar einen riesigen Macadamia mitten im Hof. Dreck machte mir nichts aus und Gartenarbeit empfand ich immer als unheimlich wohltuend. Pflanzen beim Wachsen zuzusehen und zu beobachten, welche wundersamen Dinge die Natur hervorbringt, macht total Spaß. Deshalb umgebe ich mich so gerne mit Pflanzen. Ich kümmere mich um einen Schrebergarten und fülle mein Zuhause mit Zimmerpflanzen, weil ich täglich die Nähe zur Natur spüren möchte.«

IHRE STÄRKEN: Als ausgebildete Innenarchitektin, Grafikerin und Liebhaberin von Zimmerpflanzen ist Lauren heute stets bemüht, jeder Pflanze den richtigen Ort zu suchen – den, an dem es ihr am besten gefallen wird. Ihr Faible für Keramiken ist grenzenlos.

LIEBLINGSPFLANZE: Köstliches Fensterblatt (Monstera deliciosa). Diese auffälligen, glänzenden Blätter sind der Traum eines jeden Grafikers. Allerdings geht es dabei nicht nur um das Aussehen, denn die Pflanze ist robust und herrlich pflegeleicht.

IHRE STÄRKEN: Pflanzen zu züchten und zu arrangieren hat sich für Sophia, die auch wilde, natürliche Blumenarrangements für Kunden anfertigt, zum Vollzeitjob entwickelt. Sie liebt es, kreative Partnerschaften zu pflegen und für Pflanzen liebende Kunden nach ungewöhnlichen Exemplaren Ausschau zu halten.

LIEBLINGSPFLANZE: Kannenpflanzen (Nepenthes). Diese unglaublich schönen Pflanzen, die wie aus einer anderen Welt wirken, können schnell eine Sammlerleidenschaft entfachen.

ÜBER DIE AUTOREN

DANKSAGUNG

NACH DER GRÜNDUNG VON »LEAF SUPPLY« HABEN WIR ANGEFANGEN, KONTAKTE ZU ANDEREN PFLANZENLIEBHABERN ZU KNÜPFEN. DIESES BUCH IST DAS ERGEBNIS DAVON.

WENN EINEM die Chance geboten wird, ein Buch zu schreiben, sagt man nicht einfach Nein. Wir sind Paul McNally unendlich dankbar dafür, dass er uns ermöglicht hat, unsere Liebe in Buchform mit anderen zu teilen. Auch dir, Lucy, gebührt großer Dank dafür, dass du unsere Gedanken in Form gegossen und uns geholfen hast, einen klaren und hoffentlich nützlichen Ratgeber über das Leben mit Zimmerpflanzen zu schreiben.

Nach der Gründung von »Leaf Supply« haben wir angefangen, Kontakte zu anderen Pflanzenliebhabern zu knüpfen. Dieses Buch ist das Ergebnis davon. Ohne die Großzügigkeit folgender geistesverwandter Pflanzenfreunde wäre dieses Buch niemals zustande gekommen: Emma McPherson, Tahnee Carroll, Kara Riley, Richard Unsworth, Tess Robinson, Georgina Reid, Carly Buteux und Joe Dodd, Jin Ahn und Giacomo Plazzotta, Jane Wei und Jardine Hansen. Danke dafür, dass ihr uns einen Einblick in eure grünen Räume und eure Erfahrungen mit Zimmerpflanzen gewährt habt.

An unsere grandiosen Gärtner: Ihr schuftet in euren Gewächshäusern, um die schönsten Pflanzen zu kultivieren und zu pflegen, von denen viele in diesem Buch zu sehen sind. Das profunde Wissen, das ihr mit uns geteilt habt, war enorm inspirierend und von unschätzbarem Wert.

Dieses Buch ist das Ergebnis der gemeinsamen Anstrengung von vielen großartigen Menschen. Danke daher in erster Linie an unsere Freunde und Familien, insbesondere unsere Männer Anthony und Michael, die uns ertrugen, während wir schrieben, planten, Läden besuchten, fotografierten und entwarfen, sowie unsere Eltern Maree, Richard, Janice und Lewis für ihre Unterstützung für »Leaf Supply« und andere Unternehmungen. Danke auch an alle, die unsere Texte gelesen und redigiert haben, sich fotografieren ließen und uns ihre Häuser und Läden öffneten.

Nicht zuletzt gebührt auch der großartigen und außergewöhnlichen Fotografin Luisa Brimble unser Dank. Ihre Begeisterung war von Anfang an unerschütterlich und ihre grandiosen Fotos, in denen sie die Pflanzen, Räume und Menschen so perfekt eingefangen hat, sind das Grundgerüst dieses Buches. Wir können es kaum abwarten, weitere schöne Pflanzenfotos mit dir zu machen!

Bibliografische Information der Deutschen Nationalbibliothek
Die Deutsche Nationalbibliothek verzeichnet diese Publikation in der Deutschen Nationalbibliografie.
Detaillierte bibliografische Daten sind im Internet über http://d-nb.de abrufbar.

Für Fragen und Anregungen
info@mvg-verlag.de

3. Auflage 2022
© 2019 by mvg Verlag, ein Imprint der Münchner Verlagsgruppe GmbH
Türkenstraße 89
80799 München
Tel.: 089 651285-0
Fax: 089 652096

Die englische Originalausgabe erschien 2018 bei Smith Street Books (smithstreetbooks.com) unter dem
Titel *Leaf Supply*. © 2018 by Leaf Supply. All rights reserved.

Übersetzung: Gerrit ten Bloemendal
Redaktion: Caroline Kazianka
Umschlaggestaltung: Manuela Amonde
Umschlagabbildung: Luisa Brimble
Fotografien: Luisa Brimble
Layout: Lauren Camilleri
Satz: Digital Design; Eka Rost
Druck: Firmengruppe APPL, aprinta Druck, Wemding
Printed in Germany

ISBN Print 978-3-7474-0082-1
ISBN E-Book (PDF) 978-3-96121-422-8
ISBN E-Book (EPUB, Mobi) 978-3-96121-423-5

— Weitere Informationen zum Verlag finden Sie unter —

www.mvg-verlag.de

Beachten Sie auch unsere weiteren Verlage unter www.m-vg.de